정읍을 이야기하다
정읍을 노래하다

정읍을 이야기하다
정읍을 노래하다

펴 낸 날/ 초판1쇄 2022년 5월 31일
지 은 이/ 김재영
사   진/ 최낙운

펴 낸 곳/ 도서출판 기역
펴 낸 이/ 이대건
편   집/ 책마을해리

출판등록/ 2010년 8월 2일(제313-2010-236)
주   소/ 전북 고창군 해리면 월봉성산길 88 책마을해리
         경기도 파주시 회동길 363-8
문   의/ (대표전화)070-4175-0914, (전송)070-4209-1709

ⓒ 김재영, 2022

ISBN 979-11-91199-39-0 03910

정읍인문도시기행

정읍을 이야기하다
정읍을 노래하다

김재영 지음

ㄱ

정읍을 이야기하다

정읍에 관한 책이 의외로 적다. 그 원인이 책을 읽지 않는 사람들이 많아서이기도 하겠지만, 그렇지 못한 책임이 나를 포함한 글을 쓰는 사람들에게도 있을 것이다. 글을 쉽게 쓰지 않기 때문에 생기는 현상일 수도 있기 때문이다.

그런데 그마저도 발간된 책 중에는 오류가 적지 않다. 책을 너무 쉽게 내기 때문이다. 돈만 있으면 누구든 낼 수 있는데다 책을 쓰기 전에 관련 분야의 책을 읽고, 생각하는 시간을 많이 갖지 않기 때문에 생기는 문제일 것이다. 연구자가 아니라는 이유로 그 책임이 면해지는 것은 아니다.

책을 쓰기 위해서 관련 분야 전문가 의견을 받거나 감수 과정을 거치는 것은 오랜 관행이기도 하고, 오류를 줄이는 가장 좋은 방법 중 하나이다. 그런데도 자문을 받지 않다가 큰 사고로 이어지기도 한다. 최근 비슷한 사례가 2020년 3월부터 10월까지 국립중앙박물관에 올라 온 중국의 동북공정 시각이 담긴 영상자료이다. 무려 1억 2,000만 원이 투입된 이 영상자료를 외부 전문가의 감수 없이 박물관 자체적으로 만들다보니, 중국 위나라의 영역을 당시 백제가 위치한 충청도까지 포함해 표기한 동북공정의 주장을 그대로 노출시킨 것이다. 다녀간 사람들이 무려 57만 명이었다는 점에서 이는 결코 가볍게 넘어갈 문제가 아니다.

그럼에도 대부분 자문을 받지 않는 것은 쓸데없는 권위의식이 작동했거나 자신만의 글이나 힘으로 책이나 작품을 낸 작가라는 이야기를 듣고자 하는 조급함 때문일 것이다. 글을 쓰는 사람들은 책을 내는 것으로 끝나지 않는다. 글에 대한 책임을 마지막까지 져야 하기 때문이다.

요즘 쓰레기 정보나 정말 쓰레기 같은 책과 논문, 그리고 가짜뉴스, 비틀어 쓴 왜곡기사, 무책임한 오보기사가 넘쳐나고 있다. 왜 이들 때문에 국민들이 사실관계를 따져보기 위해 귀중한 시간을 허비해야 하는가. 그런데도 정작 장본인들은 부끄러워할 줄을 모른다. 정읍도 예외가 아니다. 더 큰 문제는 이 잘못된 정보나 기사에 동조하거나 여기에 그치지 않고 열심히 퍼 나르는 한심한 사람들이 많다는 것이다. 오죽하면 앞으로 나라가 망한다면 이런 것 때문에 망할 것이라는 우려 섞인 목소리가 나오겠는가.

한번 잘못 쓴 글이나 논문은 글쓴이가 그 주장을 수정하거나 철회하지 않는 한 그 책을 읽은 독자의 입을 통해 마치 기정사실인 양 유포되고, 그 글을 읽은 사람들은 좀처럼 팩트를 인정하려 하지 않는다. 책이란 게 오류가 많고, 그 빈도가 높으면 높을수록 책에 대한 신뢰도가 떨어지기 마련이다. 많이 읽혔다고 하는 책이나 논문도 마찬가지다.

또 심각하게 저작권을 침해하는 글도 자주 보게 된다. 남의 연구결과를 인용 없이 자신이 연구한 것처럼 쓰는 것은 예의가 아니다. 정확하게 이야기하면 이는 지적재산권에 대한 침해이자 불법이다. 언론에 종종 논문 표절이 사회문제가 되는 것도 바로 그런 것이 아니겠는가. 다 알려진 사실이야 관계없으나 그렇지 않은 것이라면 두 줄만 인용해도 그것은 표절에 해당한다.

그러고서도 비전문가가 전문가 행세를 하는 것은 문제가 아닐 수 없다. 글뿐만이 아니다. 남이 한 것을 마치 자신이 한 행적처럼 이야기하는 것도 마찬가지다. '악화가 양화를 구축하고 있다'는 말이 결코 빈말이 아니다.

최근 정읍사 망부석의 위치 규명 문제로 연구자들 사이에 논란이 크다. 특히 지역사 연구에 오랫동안 천착하지 않은 이들이 갑자기 나타나 터무니없는 주장을 펴고 있다. 그런데 이들의 논리가 부족하다 보니 지역의 역사학자를 향토사학자로 폄하하고 지역주의의 저항으로 몰아가고 있다. 선무당이 따로 없다. 논리는 논리로 대응하면 될 일이다. 우리 역사학계가 어쩌다 이런 지경이 되었는지 안타까울 뿐이다.

이 책을 쓰게 된 동기는 이와 같이 정읍에 관한 책이 생각보다 적다는 주변의 의견과 잘못된 것을 바로잡아주고, 잘 알려지지 않은 것들을 쉽게 풀어 써 달라는 지인들의 요청이 있었기 때문이다. 또 정읍을 노래했으니 이제 정읍을 논하든 이야기하든 시리즈가 나오는 것이 순서다. 그것도 빠른 시일 내에 착수하라는 당부 아닌 강요를 지인들로부터 받았기 때문이다. 지인으로부터 받은 이 기분 나쁘지 않은 강요를 나는 받아들이기로 했다.

다만, 어렵게 쓰지 말고, 일상사를 이야기하듯 써라. 그리고 몰라도 좋고 알아도 좋은 그런 이야기, 다만 알면 더 좋은 것들을 조금 엉성해도 좋으니 당신의 논리로 정읍을 위해서 다시 글을 쓰라는 주문이었다. 그런데 이런저런 글을 쓰고 모으다 보니 결국은 잡탕이 되었다. 정읍의 정체성과 관련된 글, 언론에 투고했던 글, 잘못된 것을 바로잡는 글, 대중이 원하는 것들, 대안을 제시하거나 제안하는 것들 그리고 애정을 가지고 정읍에 사는 이야기를 두루 쓰다 보니 그렇게 됐다. 다 쓰고 읽어 보니 내가 봐도 어렵게 써진 부분이 있다. 독자들의 넓은 양해를 구한다.

2022년 4월 김재영 씀

| 차례 |

지혜로운 사람의 삶

유리하다고 교만하지 말고,
불리하다고 비굴하지 말라.
무엇을 들었다고 쉽게 행동하지 말고,
그것이 사실인지 깊이 생각하여
이치가 변화할 때 과감히 행동하라.
사나우면 남들이 꺼려하고,
나약하면 남들이 업신여기나니
사나움과 나약함을 버리고
중도를 지켜라.
태산 같은 자부심을 갖고,
누운 풀잎처럼 자기를 낮추어라.
역경을 참아 이겨내고,
형편이 잘 풀릴 때를 조심하라.
재물을 오물처럼 볼 줄도 알고,
터지는 분노를 잘 다스려라.
때로는 마음껏 풍류를 즐기고,
사슴처럼 두려워 할 줄 알며,
호랑이처럼 용맹스러워라.
이것이 지혜로운 이의 삶이니라.

우리의 바람이 실현되지 않아도
우리의 기도와 꿈이 이루어지지 않았어도
인생의 가장 큰 영광은
한 번도 쓰러지지 않는 것이 아니라
쓰러질 때마다 일어서는 것이다.

— 『잡보장경』 중에서

한반도의 배꼽, 정읍

인문학(인문과학)이란 무엇인가

인문학을 공부하면 어떤 방식이든 우리의 삶을 변화시킬 수 있다.

— 에리히 프롬

인문학의 개념과 학문영역

인문학은 보통 '후마니타스(humanitas)'라고 하는데, 인간과 인류문화에 관한 '정신과학'을 통틀어 이르는 말이다.

인문학은 인간에 대한 학문이다. "인문학은 자연을 다루는 자연과학에 대립되는 영역으로, 자연과학이 객관적으로 존재하는 자연현상을 다루는 데 반해 인문학은 인간의 가치탐구와 표현활동을 대상으로 한다." 인문학을 '휴머니티(humanity)'라고 하는 것도 인간성, 인간적인 것을 탐구하는 학문이기 때문이다.

학문적인 영역으로는 역사학과 철학, 고고학, 문학, 언어학, 종교학, 여성학, 미학, 예술, 음악, 신학 등이 있다. 크게 문·사·철로 요약된다. 이와 같이 인문학은 광범위한 학문영역을 포함한다. 미국 국회법에서는 "언어학, 문학, 역사, 법률, 철학, 고고학, 예술사, 비평, 예술의 이론과 실천, 그리고 인간을 내용으로 하는 학문을 포함하고 있다".

여기에 인간의 윤리적인 문제가 모든 학문에 연관되어 있다. 인문학은 인간을 상대로 하는 학문이기 때문이다. 경영윤리, 법윤리, 의학윤리가 바로 그것이다. 만약에 인문학이 상실된다면 모든 학문에서 윤리를 지우는 것이나 마찬가지가 된다.

그래서 오정윤은 『미래학교 교장』이라는 저서에서 인간에 대한 이해 없이 발전된 기술이 과연 사람들에게 얼마나 가치 있게 여겨질 것인가에 대해 질문을 던진다. "인간에 대한 이해와 윤리적 배경이 없었다면 과학 기술을 포함한 모든 기술의 발전 역시 이루어지지 않았을 것이다. 모든 학문에서 윤리가 사라진다면, 인간에 대한 이해와 배려 등의 감정 없이 오직 기술만이 남게 될 것"이라고 단언한다.

인문학을 담는 세 개의 그릇

인문학을 담는 세 개의 그릇은 문학, 역사, 철학이다. 보통 문·사·철(文·史·哲)이란 개념으로 통칭하고 있다. 이들 세 개의 분야는 인간과 인간, 인간과 사회, 인간과 자연, 인간과 우주의 관계를 가장 잘 보여주는 거울이기 때문이다.

문·사·철인가, 사·철·문인가

인문학의 꽃이자 완성이 '음악'이다. 안계환은 그의 저서인 『역사 인문학』에서 "음악을 이해하기 위해서 음악사를 연구해야 한다. 같은 맥락으로 예술을 다루더라도 예술의 역사적 기반을 이해하는 게 좋다. 철학을 하더라도 그 역사적 변화와 현재의 시사점을 찾아내야 한다. 그러기에 모든 인문학은 역사를 기반으로 삼아야 한다"고 했다. 지금까지 인류가 쌓아왔던 각 분야의 역사를 모르고서 미래를 이야기하기 어렵기 때문이다. 그래서 벤처사업가 이민화는 "역사는 과거의 기록이 아니라 미래를 향한 국가

비전"이라고 당당히 말한 것이다.

　관련해서 인제대학교 이태수 교수는 "문학과 역사와 철학을 묶어서 인문학이라고 한 것은 일본이다. 하지만 문·사·철이 아니고 사(史)·철·문이라고 해야 맞다"고 주장한다.

미래 정읍의 희망, '인문학(人文學)'에 있다

　정읍시가 인문관광도시, 역사문화도시를 표방하고 있다. 이에 걸맞게 많은 예산이 문화자원과 콘텐츠에 투입되고 있다. 예년에 비하면 괄목(刮目)할만한 현상이다. 여기에는 자치단체장의 평소 역사문화에 대한 남다른 애정과 철학이 뒷받침되기 때문이다. 이에 지역의 역사와 문화를 연구하는 입장에서도 함께 고민하지 않을 수 없게 되었다.

　앞으로 전국의 지방도시가 소멸될 것이라 한다. 2018년 전라북도 도시재생 뉴딜사업지원체계 구축방안에 따르면, 지역쇠퇴율이 전주 51.5%, 군산 66.7%, 익산 82.8%로, 전라북도의 대표적인 3시 가운데 전주만이 겨우 현상을 유지하고 있는 것으로 보인다. 임실·순창·남원 지역은 그 쇠퇴율이 90%가 넘고, 무주·진안·장수 지역은 각각 83.3%, 72.7%, 85.7%로 모두 비상사태로 돌입해야 할 처지다.

　한편 전라북도 서남부 지역의 중심인 정읍은 60.9%, 김제 79%, 고창 35.7%, 부안 92.3%로 나타나 지역별 편차가 심한 편이다. 이것이 정확한 분석이라면 정읍은 그래도 희망이 있으나 그렇다고 아주 낙관할 일이 아니다. 그러면 어떻게 해야 살아남을 수 있는가? 그 해답이 바로 '인문학'

에 있다.

21세기는 '문화경쟁의 시대'이다. 이제 자연경관을 위주로 하는 관광은 지양해야 한다. 내장산에 오면 대웅전 앞에서 기념사진 한 장 찍고 단풍약 주에 취해 돌아가던 시절은 끝났다. 2016년 한국문화관광연구원의 발표에 따르면 정읍관광을 대표하는 국립공원 내장산의 경우, 110만 명이 다녀갔고, 코로나로 인해 2020년에는 17만 명이 다녀갔을 뿐이다. 성공했다고 이 야기하는 구절초 테마공원에는 7만 명 정도가 다녀갔다.

이에 반해 박물관의 도시 강원도 영월은 연간 150만에서 200만 명이 다녀갈 정도로 박물관 투어가 일상으로 되어 있다. 충북 청주의 고인쇄박물관 역시 연간 200만 명이 직지의 제작과정을 보기 위해 찾는다. 전라북도 군산의 근대역사박물관 역시 매년 150만 명에서 200만 명이 이곳을 방문하고 있다. 그 넓은 국립공원 내장산이 특성화 박물관 하나를 감당하지 못하고 있다는 점에서 이제 심각하게 고민할 때가 된 것이다.

정읍은 역사문화 자원이 풍부한 지역인 만큼 이를 앞으로 어떻게 활용하여 지역경제의 활성화로 연결할 것인지 고민해야 한다. 신성장 동력이 꼭 과학기술에만 있는 것이 아니다. '미래 정읍의 희망이 인문학에 있다'는 평소의 주장은 바로 이 같은 인식 때문이다. 이제 지역사 연구도 정체성 확립과 동질성 회복이라는 차원을 넘어 앞으로 어떻게 하면 유·무형의 문화자원을 관광 콘텐츠화하여 살아남느냐 하는 것으로 귀결될 수밖에 없다.

현재 정읍시가 선정한 4대 문화권은 내장산국립공원문화권, 동학농민혁명유적지문화권, 태산선비문화권, 정읍사문화권역이다. 여기에 식민지근대도시 신태인 화호리 일대가 5대 문화권에 포함되어야 한다. 우리는 일제의 식민통치를 경험한 민족으로, 다시는 이런 아픈 역사가 되풀이되지 않도록 후손들에게 민족운동사를 가르쳐야 할 책무가 있다. 기억되지 못한 역사는 반복될 수 있기 때문이다.

덧붙여 문화가 돈이 되기 위해서는 문화행정을 펼칠 수 있는 제도 개편이 있어야 한다. 동학농민혁명 국가기념일이 오랜 진통 끝에 5월 11일 황토현전승일로 제정되었고, 무성서원이 세계유산으로 지정되었다. 그런 만큼 이번 기회에 각 지역에 산재해 있는 비지정·미등록 문화재도 정리해서 그 가치를 부여하고 보존해야 할 것이다. 아직도 조사되지 않은 유적이 많기 때문이다.

관련해서 고창에서는 문화재 재난관리 대응훈련을 하고 있을 만큼 지역의 문화유산에 대한 행정의 관심이 커지고 있다. 따라서 문화재 관리와 보존, 지정, 연구를 위해 '문화재과' 또는 '문화유산과'가 별도로 신설되어야 한다. 이렇게 된다면 인문향토사팀이 동학농민혁명선양사업소에 있어야 할 이유가 없다. 문화관광해설사도 마찬가지다. 그분들의 해당분야에 대한 전문지식과 하는 일의 성격상 관광과가 아닌 문화유산과에 배속되는 것이 순리에 맞다. 지역 대학에 기록문화나 문화재와 관련된 학과가 설치된다면 더 말할 나위가 없다. 익산시의 역사문화재과, 전주시의 문화정책과와 전통문화유산과, 전주시의회사무국의 문화경제전문위원, 고창군의 문화유산관광과의 운영 등은 참고할 만한 좋은 사례이다. 이로써 인문관광도시·역사문화도시로서 그 위상을 갖출 수 있을 것이다.

한국 최고의 인문도시, 정읍의 역사·문화적 상징성

정읍은 물이 흔한 곳이다. 한때 우리나라가 물 부족 국가라는 이야기가 있었다. 하지만 이는 사실과 다르다. 다만, 가뭄이나 재난으로 인해 물로 고통을 받는 것은 우리가 수시로 겪고 있는 일이다. 그런데 우리 고장에서 물이 부족해서 고통을 받은 적이 없다는 사실은 대단한 행운이 아닐 수 없다.

물은 그 자체의 '정화력(淨化力)'으로 인해 '치유력'과 '재생력', '새 생명'의 이미지를 갖는다. 또 모든 생명체의 근원이기에 '생명력'과 '시작'을 의미할 뿐만 아니라 고이면 넘치듯 '파괴력'을 갖는다.

우리는 그것을 동학농민혁명과 우물 '정(井)'자를 교기로 사용했던 보천교(普天敎)의 후천개벽사상을 통해 확인하게 된다(火生土). 이밖에도 정읍을 구성하는 역사·문화 요소는 다양하다.

정읍을 구성하는 문화요소

정읍은 현존 최고의 백제가요 정읍사와 빗가락 정읍[橫指 井邑]으로도 불리는 궁중음악 '수제천(壽齊天)'의 고장이다. 수제천은 가장 오래된 아악

(雅樂)이다. 원래는 백제시대 가요인 '정읍(井邑)'을 노래하던 성악 반주곡이었던 것이 지금은 관악협주곡으로 연주되고 있다.

수제천의 한자는 '수명이 하늘처럼 영원하기를 기원한다'라는 뜻을 담고 있다. 수제천의 '제'는 가지런하다의 뜻보다 '같을 등(等)'자와 같은 뜻이다. 수제천은 왕세자의 거동이나 의식을 위한 궁중의 연례악 및 연향악으로 쓰였다. 1970년 프랑스 파리에서 개최된 제1회 유네스코 아시아 음악제 전통음악 분야에서 수제천이 최우수 곡으로 선정되었다. 당시 장중하면서도 화려한 가락에 매료된 음악평론가들은 "천상의 소리가 인간 세상에 내려온 것 같다"고 극찬하였다.

정읍은 지방자치 정신의 발로이며 오늘날 자치민주주의 실현의 토대를 마련한 우리나라 최초의 향약인 '고현동향약'이 실시된 곳이다. 고현동향약은 이퇴계와 이율곡의 향약보다 앞선 것으로, 이의 가치가 인정되어 1993년 보물 제1181호로 지정되었다.

또한 추사가 인정한 조선 후기를 대표하는 명필, 창암(蒼巖) 이삼만(李三晚)이 청년시절 서도를 연마한 곳이 부무실이었다. 창암은 평생 서예를 통한 구도적인 삶을 살았다. 서예술을 연구하는 연구자들은 말한다. 서예는 그의 삶이었다고. 마음이자 몸이었고 오직 가야 할 길이었다고. 창암은 추사(秋史) 김정희(金正喜), 평안도의 눌인(訥人) 조광진(曹匡振)과 함께 조선 후기 3대 명필로 이름을 날렸다.

시·서·화에 능했던 태인 출신의 동초(東樵) 김석곤(金晳坤)은 일제강점기 망국의 한을 암각서와 시문을 통해 표현한 걸출한 서예가였다. 그의 암각서는 태인을 기점으로 정읍, 순창, 김제, 부안 등 곳곳에 남아 있다. 그의 동생 달곤(達坤)은 태인3·1독립만세운동에 가담하여 일제로부터 모진 고문을 받고 그 후유증으로 25세의 젊은 나이로 세상을 떠났다.

몽연(夢蓮) 김진민(金瑱珉) 역시 태인 출신으로, 한문과 오체에 두루 능한 한국 최연소, 최초 여류 서예가였다. 12세에 조선미술전람회에 입선하고 수차례 특선을 할 정도의 뛰어난 서예가로, 11세에 썼다고는 도저히 믿기지 않을 영광의 불갑사 현판과 백양사의 우화루, 23세에 쓴 금산사의 대자보전 등의 글씨가 그의 글임을 아는 사람은 많지 않다.

정읍에는 선비문화의 상징인 누정(樓亭)이 전북에서 가장 많은 18개가 있다. 불우헌(不憂軒) 정극인(丁克仁)의 상춘곡(常春曲)의 배경은 칠보면 무성리로, 이곳이 가사문학의 발원지에 해당된다. 소고당(紹古堂) 고단(高湍)은 산외 평사리에 살면서 가사문학을 현대적으로 계승하였으며, 부친인 고희석은 백정기 의사의 독립운동 자금을 조달하였다.

전북 최초의 서원인 북면 남고서원(南皋書院)은 '호남 성리학의 비조'라 일컫는 일재(一齋) 이항(李恒) 선생을 모시고 있고, 2019년 세계유산으로 등재된 무성서원(武城書院)은 최익현(崔益鉉)과 임병찬(林炳瓚)이 병오창의(丙午倡義)를 일으켰던 전국 유일의 창의서원이다. 무성서원의 원규(院規)에 의하면, 입학은 나이, 신분에 관계없이 누구나 평등하여 독서에 뜻이 있어 배우고자 하는 자는 모두 허락하고 있다. 이는 현존하는 모든 서원의 원규에 비추어 볼 때 전례가 없다.

정읍은 양반문화와 서민문화가 공존하는 지역으로 호남의 대표 명당이자 지네명당에 자리한 김명관(金東洙) 고택이 국가민속문화재 제26로 지정되어 있다. 양반집이면서도 가장 서민답게 지어진 집이다. 뿐만 아니라 정읍은 서민문화의 상징인 모정(茅亭)과 시정, 그리고 국내에서 가장 아름다운 남근석(男根石)이 있는 고장이기도 하다.

1592년 임진왜란 때 죽음으로써 성을 지켰던 동래부사 송상현(宋象賢)이 바로 이 고장 덕천 출신이다. 의병장 고경명(高敬命)을 비롯한 김제민(金齊閔)·김천일(金千鎰) 등은 모두 일재 이항의 문인들이었다. 태조의 어진과 조선왕조실록 유일본을 내장산으로 피란 보존시킨 안의(安義)와 손홍록(孫弘錄) 역시 일재의 문인이었다.

조선시대 판매를 목적으로 발간했던 방각본(坊刻本)이 서울 다음으로 인쇄된 곳 또한 태인이었다. 이는 정읍이 책을 찍어내고 판매할 수 있을 만큼 생활기반이 넉넉했다는 사실을 말해준다. 풍요로운 생산은 세련된 문화를 낳는 법이다. 여기에 더해 현존 세계 최고(最古)의 금속활자본인 직지심경의 저자 백운화상(白雲和尙) 경한(景閑)의 고향이 고부이다. 정읍에 기록문화전시관이 건립되어야 할 당위성이 여기에 있다. 지난 2017년 12월 28일에는 경한의 고향인 고부면 백운리 백운마을에 백운화상의 정신을 기리는 기념비가 건립되었다.

정읍은 전라우도 농악과 설(솔로)장고의 발상지이다. 정읍농악의 체계를 갖추는 데 기여한 것이 동학농민혁명이었다면, 이를 근대적인 농악으로 발전케 한 것은 농악을 종교음악으로 지정한 '보천교(普天敎)'였다. 보천교가 정읍농악을 호남지역뿐만 아니라 전국에서 으뜸가는 농악으로 발전시키는 중요한 역할을 한 것이다. 정읍농악은 이때부터 고깔과 상모를 겸한 농악이 연희되기 시작하였다. 전라좌도와 우도의 농악복장이 비슷하게 된 것도 보천교의 영향을 받은 것이다.

정읍은 향제(鄕制) 줄풍류의 고장이다. 줄풍류는 '현악 영산회상'을 일컫는 또 다른 이름이다. 경제(京制) 줄풍류는 국립국악원을 비롯한 서울의 각 대학 국악과 등에서 가르치고 연주하는 '영산회상(靈山會相)'의 형식이고,

향제 줄풍류는 정읍·이리·구례 등지에 전승되는 영산회상 등의 형식이다. 정읍의 대표적인 풍류방은 '아양정'이었다. 아양정이 바로 정읍 줄풍류의 발원지다. 중요무형문화재로 지정된 구례 줄풍류는 단소의 명인이자 단소 산조의 창시자인 입암 천원 출신의 추산(秋山) 전용선(全用先)의 가락을 이어받은 것이다.

1910년 나라가 망하자 일왕의 이른바 '은사금 사령서'가 각 면장을 통하여 유지들에게 전달되었다. 이때 사령장에 적혀있는 자기 이름 석 자를 찢어버렸던 춘우정(春雨亭) 김영상(金永相)은 죽음으로써 유학의 가르침을 실천하고자 하였다. 일제는 분노한 조선 민심을 달래기 위해 조선의 명망 있는 유학자들에게 은사금을 준 것인데, 춘우정이 여기에 포함된 것이다. 이는 춘우정이 그만큼 학식과 덕망을 갖춘 선비였다는 것을 반증하는 것이기도 하다. 칠보 행단의 김천술(金天述)은 매천 황현(黃玹)의 순국 소식을 접하고 자신의 손가락을 잘라 혈서를 쓴 다음 집 앞 우물에 투신하여 순국하였다. 우리는 이들을 일러 '자정순국자(自靖殉國者)'라 부른다.

일제강점기 정읍 사람들은 해외에서도 활발한 독립운동을 전개하였다. 1919년 일본 유학생들의 2·8독립선언을 준비하는 과정에서 자금조달을 담당한 사람은 영원면 출신 라용균(羅容均)이었다. 2·8독립선언은 3·1독립만세운동의 기폭제 역할을 했다.

이봉창(李奉昌)·윤봉길(尹奉吉) 의사와 함께 '3의사'로 불리는 아나키스트(Anarchist) 백정기(白貞基) 의사는 1932년 일왕의 생일인 천장절과 상하이 사변 전승 축하식이 열린 홍커우공원[紅口公園/루쉰공원]에서 윤봉길 의사와 별도로 의거를 준비했으나 입장권을 구하지 못해 실패하였다. 1933년 초에는 중국 상하이에 있는 고급 요정 '육삼정'에서 일본 정계와 군사계의 거물들과 중국 국민당 고관들이 회합한다는 정보를 입수하였다. 백 의사는 이들을 암살하기 위해 정화암(鄭華岩)·원심창(元心昌)·이강훈(李康勳) 등과 모의했으나, 사전에 정보가 누설되어 실패하였다. 비록 실패했을망정 두 번의 의거는 정읍 사람들의 의기를 높이 알린 쾌거였다.

1926년 6·10만세운동을 주도한 학생은 산외 출신 중앙고보 이동환(李東煥)이었다. 6·10만세운동은 민족주의계와 사회주의 계열이 통합되어 다음 해 신간회 결성의 결정적 계기로 작용함으로써 민족유일당 운동의 신호탄이 되었다는 데 의의가 있다. 6·10만세운동은 이후 광주항일학생운동으로 이어졌다.

신태인 화호리(禾湖里) 일대는 살아있는 '생활사 박물관'이라 해도 과언이 아니다. 어진화가였던 석지(石芝) 채용신(蔡龍臣)이 살면서 공방을 차렸던 곳이 화호리 육리 마을이다. 그는 초상화에 사진을 접목한 최초의 근대 화가인데, 그가 남긴 초상화는 최치원을 비롯, 최익현, 황현, 박만환, 임병찬, 관우, 김기술, 김석곤, 황장길 부부 초상 등이 있고, 송정십현도, 칠광도, 김영상투수도, 태평연도, 삼국지연의도 등이 남아 전한다.

채용신이 활동한 화호리 일대에는 일본인 지주 구마모토[熊本利平] 농장 창고 건물과 일본인 경리과장 및 농산과장 사택, 일본인과 조선 농민의 합숙소, 일본인이 다녔던 심상고등소학교, 조선인이 다녔던 공립보통학교 건물, 해방 이후 우체국으로 이용되었던 다우에 농장 사무실, 소화여관, 동양척식회사 화호사무실과 양말공장 등 일제강점기 건축물들이 곳곳에 남아 있다. 여기에 당산제를 지냈던 나무와 보호수가 그대로 남아 있다. 한 마을에 이렇게 많은 건축물과 역사의 흔적을 간직하고 있는 경우는 드물다.

종교적으로는 증산교(甑山敎)를 비롯한 보천교, 무극대도, 보화교, 미륵불교 등 각종 신종교가 발생·수용·확산된 지역으로 종교적 '장소성'과 '상징성'이 아주 강한 지역이다.

호남지방 최초의 장로이자 목사인 최중진(崔重珍)은 태인 매계교회를 시작으로 북면 화해교회, 정읍 제일교회, 입암 천원교회를 세우는 등 개신교 교회 개척의 선구자였다.

원불교의 역사 속에서 정읍은 한마디로 '만남의 땅'으로 자리매김된다. 1925년 4월 원불교 교조인 소태산(少太山)과 2대 정산종사(鼎山宗師)의 운명적인 만남이 이루어진 곳이 북면 화해리[꽃바다] 마동 마을이기 때문이다.

천주교의 역사로 보면 정읍은 전라북도에서 가장 많은 공소(公所)를 가진 고난과 핍박을 상징하는 곳이었다. 1882년부터 1910년까지 기록된 교세 통계표에 의하면, 전라북도 천주교 공소 수는 473개로, 그 가운데 73개 공소가 정읍에 있었던 것으로 확인된다. 신성공소, 대숲골공소, 입암 등천리공소 등 일부는 여전히 교우촌(敎友村)으로 남아 있다.

한편, 정읍은 증산이 말한 만국활계남조선비기(萬國活計南朝鮮秘記)의 예언이 실현될 곳이다. 이때의 '남조선'은 미래의 이상적인 조선을 말한다. 구원과 후천의 새로운 세상과 밀접한 관련이 있다. 증산은 후천개벽의 새로운 세상의 중심을 정읍으로 본 것이다. 여기에 덧붙여 고부 두승산(斗升山)의 '선인포전(仙人鋪氈)'은 호남 8대 혈(穴)에 속하는 명당이다.

정읍은 남출북류(南出北流) 배산임수(背山臨水)라는 대표적인 역세형국, 변혁적인 땅이다. 그래서 난세의 인물이 나오거나 난세를 극복할 인물이 나오는 곳이라고도 한다.

한편, 주산(主山)인 성황산보다 안산(案山)인 초산이 더 높아 큰 인물이

나지 않으며, 외지 사람들이 번성한다는 이야기도 있다. 하나도 버릴 것이 없는 문화요소들이다.

정읍의 역사는 지역사이면서 중앙사이다. 동학농민혁명이 그렇고 정읍사가 그렇고, 농악과 향약과 가사문학 그리고 의병이 그러하다. 태인의병은 최익현이 맹주로서 임병찬과 함께 거의함으로써 여타 지역 의병 봉기에 큰 파급효과를 가져왔다. 동학농민혁명이 고부에서 비롯되었지만 전국으로 파급되었고, 증산교와 보천교와 같은 신종교가 발생, 전국으로 확산되었다는 점에서도 의의가 있다. 운동이란 통상 서울에서 시작되어 지방으로 확대되는 것이 일반적이다. 그러나 정읍 지역의 운동은 서울이 아닌 지역이 운동의 중심에 있었다는 데 의의가 있다.

의성 이제마(李濟馬)는 의학을 공부하려고 하는 제자들에게 다음과 같은 말로 공부의 요체(要諦)를 적시(摘示)했다. "저 산 너머에 무엇이 있는지 말해 보아라. 산 너머가 보이지 않으면 의학을 공부할 자격이 없다. 저 산 너머에 계곡과 시냇물이 있고, 마을이 있으며, 그리고 또 산이 있을 것이다. 왜 눈에 보이는 것만을 따지려 하는가. 미루어 헤아리는 것이 학문하는 방법의 중요한 핵심"이라고 가르쳤다. 비단 의학뿐이겠는가. 역사도 마찬가지이다.

일찍이 시인 김지하는 대설 『남(南)』에서 "정읍은 우주의 단전이요, 지구의 축이요, 한반도의 배꼽"이라고 하였다. 한반도의 동서남북 4극 지점을 연결한 국토의 정중앙은 사실 강원도 양구이다. 정읍은 지형 상 한반도의 배꼽이 될 수 없음에도 이렇게 표현한 것은 새로운 세상의 중심이 남조선에서 이뤄진다는 오랜 신앙에 바탕을 둔 것이며, 물과 우물이 가진 생명력이라는 상징성에 빗댄 것이다. 또 오행이 상생하는 풍수지리학적

측면을 강조한 것으로 '정읍이 바로 한반도의 중심이자 우주의 중심'이라
고 표현한 것이다. 내가 사는 고장에 대한 자부심은 역사를 통해서만이
가능한 일이다.

정읍을 이야기하다

정읍은 샘골인가, 샘고을인가

한자로 정읍(井邑), 어떻게 읽어야 할까. '샘 정'으로 읽는 사람도 있고, '우물 정'으로 읽는 사람도 있다. 헌데 샘과 우물은 원래 다른 말이니 둘 중 하나는 틀렸다. '우물 정'자로 읽는 것이 맞다. 우물은 원래 '움과 같이 파인 곳에 고인 물'을 뜻하는 말이었다. 그런데 그 뜻 사이의 접촉으로 말미암아 '물이 솟아나와 고인 샘터'를 가리키게 되었다. 우물이 샘으로 그 의미가 확장된 것이다.

우물 '정(井)'자는 본디 지하에 흐르는 천(川)을 돌 또는 목재(二)로 물막이를 하고 물을 가두는 상형문자로 이루어진 글자다. 우리말로 우물은 '움'에 '물'을 더해 이루어진 글자로 '움'의 끝소리 'ㅁ'이 떨어져 나가 우물이 된 것이다.

그런데 우리 주변에 샘골 이름을 갖다 붙인 게 하나 둘이 아니다. 농협을 비롯, 터널, 보건지소, 장학재단, 산악회, 어린이집, 다리, 지업사, 가든 심지어 정읍의 정체성과 관련해서 써서는 안 될 도로명과 공연단의 이름에도 버젓이 사용되었다. 반면에 샘고을 이름을 붙인 것은 시장과 요양병원, 교회, 식당, 식품가게, 아동센터 등이 있으나 수적으로 샘골이 더 많아 보

샘골터널

인다. 이러다 정읍은 샘고을이 아닌 샘골이 되는 건 아닌지 모르겠다. 문제
는 관공서나 관변단체까지도 아무런 의식 없이 샘골 명칭을 쓰다 보니 사
람들이 자꾸 헷갈려한다는 점이다. 잘못된 것은 행정에서 앞장서 계도할
책임이 있다. 그럼에도 정읍시 홈페이지에는 정읍을 상징하는 마크를 샘고
을이 아닌 샘골로 설명하고 있고, 심벌이 아닌 심볼로 표기하고 있다.

　최근에는 중학교 남녀공학이 추진되면서 통합되는 학교 이름이 샘골중
학교가 되어야 하는지, 샘고을중학교가 되어야 하는지에 대한 논란이 있
었다. 워낙 양쪽 주장이 팽팽하다보니 논란 끝에 둘 중에 하나를 투표로
결정하자는 쪽으로 의견이 모아졌다고 한다. 투표 전날 이와 관련한 한
통의 문의전화를 받았다. 오랜 통화 끝에 결국 다음날 샘고을중학교로 학
교 이름이 정해졌다는 소식을 듣게 되었다.

그러면 '골'과 '고을'은 어떻게 다른가.

옛날에는 주, 군, 현의 의미로 쓰인 '고을'과 마을이나 골짜기를 의미하는 '골'을 구별하여 사용하였다. 최세진의 『훈몽자회(訓蒙字會)』(1527)에서는 '골 곡(谷)', '골 동(洞)'과 '고을 현(縣)', '고을 읍(邑)', '고을 주(州)', '고을 군(郡)'을 구별하여 기록해 놓았기 때문이다. 그래서 전주(全州)가 온고을이고, 광주(光州)가 빛고을이다. 이들 지역을 일러 온골, 빛골이라 한 적이 있는가. 같은 이치로 그래서 정읍은 정촌이 정읍현이 된 것이니 샘골이 아닌 샘고을이 되는 것이다. 세간에는 부사가 임직했던 남원고을을 남원골 또는 춘향골로 부르고, 목사가 있던 나주 목사고을을 목사골로도 부르는 잘못된 선례를 따라 해서는 안 된다. 『삼국사기』의 기록을 살펴보면 경덕왕 때 정촌은 정읍현으로, 지금의 태인인 빈굴현은 무성현으로 개편되었다. 개편 이전 빈굴현과 같이 정읍을 정촌현이라 하지 않고 그냥 정촌으로 기록한 것은 정촌이 일반 현보다 그 규모가 작았기 때문이었을 것이다. 『동국여지승람』 정읍현 고적조에 "망부석은 현의 북쪽 10리에 있다. 현인(고을 사람)이 행상을 나간 후에 오랫동안 돌아오지 않으니…"라는 기록으로 볼 때 그렇다.

대부분의 국어사전에는 '골'을 '고을'의 준말로 풀이하고 있으나 '골'은 '골짜기'를 의미하는 말이지 고을을 뜻하는 말이 아니다. 반드시 구분해서 써야 한다. 그럼에도 명색이 국립국어연구원에서 만든 『표준국어대사전』에도 버젓이 올라와 있다. 사전이라고 모두 맹신할 일이 아니다. '골'은 '굴', '올', '울'로 변천되고, '실'은 골짜기와 같은 의미로 내륙지방에 남아 있는 지명 접미사로 계곡에 발달된 마을 지명으로 쓰였다. 우리 고장에서는 진상굴, 송령굴 그리고 논실, 부여실, 지금실, 다라실, 마태실, 소금실, 허궁실

등의 지명으로 남아 있다.

하나 더 예를 들면, 보천교 창시자 차경석의 아버지 차치구가 동학농민혁명이 실패한 뒤 절친인 최제칠(崔濟七)의 집에 은신했다고 하는 곳이 소성면 광조동(光照洞)이다. 바로 이곳이 골짜기다. '동(洞)'이 골짜기를 뜻하기 때문이다.

이 글을 읽으면서 독자들은 한 가지 의문이 생길 것이다. 샘골이든, 샘고을이든 부르기 쉬운 것을 쓰면 될 텐데, 왜 이것이 그렇게 중요한 것인지 모르겠다고. 그런데 아니다. 학문의 시작은 개념 정의에서부터 출발하기 때문이다. 이것을 간과하기 때문에 정읍을 '샘골'로 보고, 덕천의 '샘실(천곡)'과 치환된다는 이상한 논리가 나오는 것이다. 더 나아가 이를 바탕으로 백제 때 치소가 천곡에 있었으니 정읍사 망부석이 고부군 덕천에 있었다는 가당치 않은 주장이 나오게 되는 것이다.

초등학생들이 배우는 내용이다. 고을은 여러 마을을 다스리는 치소(관청)가 있는 곳이다. 달리 말하면 고을은 '현(縣)'의 별칭이다. 그래서 고을원님이 있는 곳이다. 마을은 고을을 구성하는 하나의 단위로 동네를 지칭한다. 예전에 왜색지명인 부락(部落)으로 불렀던 곳이다.

정촌(井村, 井邑)과 샘실[泉谷]은 치환될 수 없는 전혀 다른 말

요즘 이설(異說)치고는 말 그대로 터무니없는 주장이 나돌고 있다. 이런 엉터리 주장으로 시민들을 더 이상 혼란에 빠지게 해서는 안 된다. 그 주장의 골자는 이렇다. 덕천 천곡(泉谷)은 우리말 '샘실'로 치환되기 때문에 '샘골'인 정촌(지금 정읍)과도 치환된다는 주장이다. 따라서 천곡은 백제시대 치소(治所)였던 정촌이라는 주장이다. 하지만 정촌이 오늘날 정읍이 되었다는 점에서 '촌'과 '읍'은 치환될 수 있어도 샘고을 정읍이 샘실로는 치환될 수 없는 일이다. 정읍은 앞서 이야기했듯이 샘골이 아니기 때문이다. 굳이 풀이하면 우물과 샘은 원래 다른 말일 뿐만 아니라 샘고을에서 고을과 마을 또는 골짜기를 의미하는 '실'이 같은 말이 아니기 때문이다.

전국에는 '샘실' 또는 이를 한자로 옮긴 '천곡(泉谷)'이라는 마을 이름이 많이 있다. 이는 마을이지 고을이 아니다. 정밀조사하면 〈표1〉보다 훨씬 많은 지명이 나올 것이다. 샘실(천곡)이 샘골(정촌)과 치환된다는 논리라면 정읍은 전국에 열 개가 넘게 된다. 여기서도 마찬가지로 우물은 샘과 같은 의미가 아니다. 우물도 고이면 넘쳐 새어나간다는 의미에서 그 의미가 샘으로 확장된 것이다. 숙박기관이었던 온정원(溫井院)이나 고개 이름으로 쓰

덕천 천곡마을 전경

인 온정현(溫井峴) 같은 지명이
『대동여지도』에 보이지만, '우
물 정'자를 고을 이름으로 쓰
고 있는 곳은 우리 고장 정읍
이 유일하다는 것을 간과해서
는 안 된다.

뿐만 아니라 『삼국사기(三國
史記)』에 정촌현(井村縣/지금 정
읍)과 고사부리군(古沙夫里郡/

〈표1〉 전국 샘실(천곡) 마을 분포지역

연번	행정구역
1	강원도 삼척군 도하면 샘실(천곡)
2	강원도 동해시 천곡동(천곡자연동굴)
3	경북 봉화군 봉화읍 두문리 천곡
4	경북 영양군 대천리 샘실(천곡)
5	경기도 안성시 고삼면 주곡리 샘실
6	울산광역시 북구 천곡동
7	경남 합천군 율곡면 샘실(천곡)
8	경기도 여주시 흥곡면 하다리 샘실(천곡)
9	경남 거제시 연초면 천곡리 천곡
10	충남 보령시 주산면 샘실
11	전남 화순군 춘양면 천곡리

지금 고부)이 별도로 표기되어 있듯이 정읍의 정촌과 고부 쪽의 샘실은 분
명히 다른 지역이며, 각각 지금의 정읍과 고부라는 데에 학계에서 이견이

없다. 샘실(천곡)은 1789년(정조)에 나온 『호구총수(戶口總數)』에도 정읍이 아닌 고부군 우덕면 천곡리에 편제되어 있다. 『동국여지승람』에 고부는 백제의 '고사부리군'으로 신라 때 고부로 고쳤고, 고려 태조 때 영주라 하여 관찰사를 두었다. 광종 때 안남도호부로 고쳤다가 현종 때 고부로 회복되었다고 되어 있고, 정읍은 본래 정촌현으로 경덕왕 때 지금 이름 정읍으로 고치고 태산군(지금 칠보)의 영현으로 삼았다고 했듯이 정읍과 고부는 전혀 다른 지역이었다.

마지막으로 천곡(샘실)은 지세를 보더라도 한 고을의 치소가 자리하기엔 그 형국이 너무나 좁다. 천곡은 말 그대로 마을이 있었던 골짜기일 뿐이다. 골짜기는 움푹 파인 지형이니 '좁다'는 뜻과 '막혀 있다'는 뜻을 내포하고 있다. 오죽하면 화순에 가면 숨어들어 살기 좋은 골짜기라는 의미에서 '스무실'이라는 지명이 있겠는가. 이런 골짜기에 마을이 형성되기도 하지만 고을을 다스리는 치소(관청)가 자리할 수는 없는 일이다. 굳이 좁은 골짜기에 치소를 건설할 이유가 없고, 건설할 수도 없기 때문이다. 과문(寡聞)한 탓인지 몰라도 우리 역사에서 적어도 평야지대인 전라도의 골짜기에 치소가 건설된 사례가 있는지 묻고 싶다.

누군가 그랬다. 절집[사찰]은 앞이 트이면 시원스런 눈 맛이 좋고, 막히면 아늑한 운치가 좋다고. 현장답사를 해 보시라. 천곡은 누가 보아도 절이 위치할 만한 곳이지, 한 고을의 치소가 자리하기엔 적절치 않은 곳이다. 고려 때 천곡사(泉谷寺)라는 절이 왜 이 자리에 터를 잡았는지 돌아보면 알 일이다.

정읍의 풍수,
오수지리설(五獸地理說)과 행주형(行舟形)의 형국

정읍은 풍수지리 상 종래의 길지 기준으로 볼 때 매우 꺼리는 남출북류(南出北流) 배산임수(背山臨水)의 대표적인 역세형국의 땅이다.

이를 쉽게 풀이하면 세계의 지형이 북서쪽은 높고 동남쪽은 낮아 물이 동남쪽으로 흐르는 데 반해 정읍의 산세는 북쪽을 향해 달리고 있고, 물 또한 남쪽에서 북쪽으로 흐르기 때문이다. 그래서 난세에 인물이 나오거나 난세를 극복할 인물이 나오는 곳이라고도 한다.

또 정읍은 주산(主山)인 성황산보다 안산(案山)인 초산이 더 높아 큰 인물이 나지 않으며 외지 사람들이 번성하고 번창한다는 이야기가 있다. 칠보산(七寶山)은 '봉황(鳳凰)'이 나온다는 산으로, '용봉도수'의 큰 기운을 간직한 곳이라고 이야기한다. 사실 성황산은 칠보산의 한 줄기이니 고을의 주산은 칠보산이라 해도 무방할 것이다.

더불어 정읍은 시내를 중심으로 두승산(斗升山) · 방장산(方丈山) · 입암산(笠岩山) · 내장산(內藏山) · 칠보산(七寶山) 등이 에둘러 있어 오행이 잘 갖추어진 지역으로 보기도 한다. 말 그대로 오행이 상생하는 지역이다. 그러면서도 정읍은 '샘고을'이므로 생명의 근원이자 우주의 배꼽이며, 후천개벽

정읍의 주산인 성황산

정읍의 안산, 초산

을 잉태한 곳이라고도 하고, 증산이 말했던 남조선신앙(南朝鮮信仰)의 예언이 실행될 곳이라고도 한다.

한편, 일제강점기 보천교인 사이에서는 '정해수류사해원(井海水流四海源)'이라는 말이 널리 유포되어 있었다. 즉 '샘바다'인 정해에서 솟은 물이 바다로 흘러가 사방 바닷물의 근원이 된다는 뜻이다. 이는 동학의 '용담수류사해원(龍潭水流四海源)'에서 따온 말이긴 하지만, 그 광대함의 뿌리가 이곳 정해에 있다는 말로 우물이 가진 상징성에 빗댄 것이다. 왜냐하면 우물은 사방에서 흘러 들어온 물이 사방으로 번져 나가는 것이기에 '근원'이자 '중앙'이라는 이미지와 연결되기 때문이다.

물은 만물을 생육하는 생명력과 고이면 넘치는 파괴력을 동시에 가지고 있다. 이러한 상징적인 의미를 가지고 있는 우물 '정'자를 고을 이름으로 쓰고 있는 곳은 전국에서 정읍 하나뿐이다.

또 입암산의 '입(笠)'은 '관(冠)'이므로 이 땅은 반드시 왕이 나오는 곳이라 했으며, 입암산 줄기인 삼성산(三聖山)은 성인 셋의 출현을 상징한다. 또한 정읍은 물이 많아서인지 정읍 전체를 떠다니는 배의 형국인 '행주형(行舟形, 담양·전주·평양·남원)'으로 보고, 이 경우 삼성산 정상 쪽이 뱃머리에 해당된다고 보고 있다. 따라서 이곳이 바로 정읍의 미래를 좌우할 수 있는 곳이다. 방사선 연구소와 생명과학연구소 등의 국책연구기관이 들어선 것은 결코 우연의 일치가 아니다.

뿐만 아니라 '오수지리설(五獸地理說)'이라는 재미있는 풍수관련 이야기가 또 있다. 정읍은 주변 산들이 마주보는 형국을 하고 있다. 성황산은 엎드려 있는 호랑이, 두락산은 고양이, 죽림산은 개, 초산은 쥐, 아양산은 사자 혹은 코끼리에 비유된다. 위 다섯 동물들은 서로 상극으로 마주 보

면서 견제 작용을 하는데, 개는 호랑이가, 호랑이는 사자가 견제하고, 코끼리[사자]는 쥐가, 쥐는 고양이가, 고양이는 개가 견제한다는 것이다.

이 가운데 선뜻 이해되지 않는 부분이 바로 쥐가 코끼리를 견제한다는 부분일 것이다. 그 이유는 간단하다. 코끼리는 쥐가 콧속으로 들어오지 않을까 두려워하기 때문이다. 따라서 성황산의 복호혈(伏虎穴), 죽림산(竹林山)의 소구망월(小狗望月/개가 달을 바라보는 형국), 초산(楚山)의 노서하전(老鼠下田/늙은 쥐 밭으로 내려오는 형국)은 풍수가들의 답사의 대상이 되는 곳이다.

이밖에도 성황산은 범이고 아양산은 사자 형국인데, 일제강점기에 대흥리 다리를 놓아 사자가 다리를 건너오는 형국이 됨으로써 성황산 아래쪽 장명동이 흥기하지 못한다는 이야기도 함께 전해진다. 요즘 구도심 재생 사업이 활발하게 추진되고 있는 지역이다.

동학농민혁명 구전과 야사(野史), 이제라도 정리하자

바른 역사를 의미하는 것이 '정사(正史)'라면 정사의 반대되는 말은 가짜 역사를 의미하는 '위사(僞史)'일 것이다. 그렇다면 야사(野史)는 관찬서적에 기록되지 못한 역사일 뿐 위사를 의미하는 것이 아니라는 이야기가 된다. 만들어진 역사가 위사라면 오히려 기록되지 않은 민간구전과 개인이 사사로이 쓴 야사가 역사의 진실을 더 담고 있을 수 있다는 해석이 가능하다. 물론 정밀한 분석이 뒤따라야함은 말할 나위가 없다.

문자가 없거나 기록을 남길 수 없던 시대에는 입에서 입으로 전해 내려오는 것이 역사일 수밖에 없었을 것이다. 또 역사는 역사가의 선택에 의해서 기록된 것에 불과하고, 기록된 역사도 전체의 1%에 불과하다. 나머지 99%의 역사는 기록되지 않는 가운데 구전과 야사로 전해진다는 말이 된다. 관찬서적이 아니라는 이유로 역사가 부정되어야 할 아무런 이유가 없다. 구전과 야사가 중요하게 다루어져 할 이유가 바로 여기에 있다. 특히 기록을 남길 수 없었던 암울했던 시기와 신분상 위험을 불러일으킬 여지가 있다고 판단되는 기록들은 모두 불에 태우거나 땅에 묻을 수밖에 없었을 것이다. 우리 역사에서 동학농민혁명에 관한 것이 특히 그렇다. 혁명이 실패한 뒤 전씨 일가들은 살던 마을에서 뿔뿔이 흩어졌고, 족보는 벽장이나 대들보 위에 숨기지 않으면 안 되었다.

2016년 동학농민혁명 국가기념일이 진통 끝에 황토현전승일인 5월 11일(음력 4월 7일)로 제정되었다. 몇 백 년이 아닌 130년이 조금 지난 역사인데도 자료는 멸실되고 일부 기록된 역사는 왜곡되었다. 정읍은 동학농민혁명의 발상지답게 혁명에 관한 이야기가 그 어느 고장보다 풍부하다.

농민군 지도자의 출생부터 그들과 관련된 민요, 혁명 실패 이후 죽지 않고 '당갈봉사'로 위장하며 살고 있었다는 손화중에 대한 전설 같은 이야기가 지금도 전해지고 있다. 이는 당시 민중의 염원이 반영된 구전일 가능성이 크다. 이를 통해서 사회변혁을 갈망하는 민중들의 간절한 기대심리를 동시에 엿보게 된다. 따라서 당시에 지방에 떠도는 혁명에 관한 이야기를 본고장인 정읍에서 이제라도 정리해야 할 필요가 있다. 촌로들의 전언을 역사연구에 인용하고 안하고는 오로지 연구자들의 선택에 달린 문제일 뿐, 구전과 야사 자체를 문제 삼을 일이 아니다. 적어도 역사학의 보조자료로 인용될 수 있는 여지는 얼마든지 있기 때문이다.

이 글을 통해서 역사란 어디까지가 진실이고 어디까지가 허구인가를 생각해보는 계기가 되었으면 한다. 역사란 어차피 '해석의 문제'이기 때문이다.

무성서원이 세계유산으로 지정된 이유

　무성서원은 안동의 도산서원과 병산서원, 영주 소수서원, 함양 남계서원, 경주 옥산서원, 장성 필암서원, 대구 도동서원, 논산 돈암서원과 함께 한국의 14번째 세계유산으로 등록되어 있다.

　무성서원은 현재 사적 제166호(1968.12.19)로 지정되어 있으며, 문창후(文昌候) 최치원(崔致遠)을 비롯하여 조선 초기의 명신인 신잠(申潛), 상춘곡(賞春曲)의 저자 정극인(丁克仁), 송세림(宋世琳, 칠보면 시산리 태생), 정언충(鄭彦忠, 태인 태생), 김약묵(金若黙), 김관(金灌) 등을 모시고 있다.

　서원은 보통 산기슭에 있을 경우, 앞에 강당이, 뒤에 사당이 배치되고, 평지일 경우에는 앞에 사당이, 뒤에 강당이 남북 자오선 상에 배치된다. 경상도는 주로 계곡이나 산, 비탈진 곳에 서원이 있어 전학후묘(前學後墓)을, 전라도는 산기슭이나 평지에 있어 전묘후학(前墓後學)의 형태를 하고 있다. 무성서원이 전학후묘의 구조를 취하고 있는 것은 서원이 성황산 아래 자락에 있기 때문이다.

　사실 무성서원은 세계유산으로 지정된 9개의 서원 가운데 규모가 가장 작다. 그럼에도 세계유산으로 지정된 것은 세계 모든 민족에게 적용할 수

세계유산, 무성서원

있는 보편타당한 가치를 지니고 있기 때문이다.

첫째, 무성서원 원규(院規)에 의하면 학습의 순서는 『격몽요결』, 『소학』부터 읽기 시작해서 4서 5경을 읽는 것이 순서였다. 입학은 나이, 신분에 관계없이 누구나 평등하여 독서에 뜻이 있어 배우고자 하는 자는 모두 허락하였다는 점이다.

둘째, 서원이 마을 한가운데 위치하여 주민들과 동화하고 있다는 점이다. 세계유산 지정을 앞두고 유네스코에서 파견한 심사위원들이 주목한 것도 바로 이것이었다. 이들이 평하기를 "규모는 작지만 갖출 것은 다 갖췄다"고 했고, 한쪽에서는 "오늘 비로소 서원다운 서원을 봤다"고 했다.

셋째, 무성서원은 최익현(崔益鉉)이 을사늑약 후 창의한 전국 최초의 창의서원이라는 점이다. 창의(倡義)는 의병을 일으켰다는 뜻이다. 최익현의 의병을 일러 우리는 '병오창의' 또는 '태인의병'이라 부른다. 이 역사적인 사건을 후손들에게 알리고 영원히 기리고자 병오창의 기적비가 1992년에 세워졌다.

　마지막으로 무성서원을 중심으로 하는 태산선비문화권에서 절의정신의 상징적 인물인 김제민(金濟閔), 김천일(金千鎰)과 같은 의병장과 안의(安義)와 손홍록(孫弘祿) 같은 국난을 극복한 인물들이 배출되었다는 점이다. 이들은 모두 일재(一齋) 이항(李恒)의 문인들이었다. 이는 스승의 절의정신을 본받은 것으로, 태산은 과연 절의정신의 메카라 불리어도 부족함이 하나도 없다. 이 모든 것들이 세계유산 지정에 영향을 끼친 것으로 보인다.

조선왕조실록을 정읍 내장산으로 피란 보존시킨 이야기

우리가 오늘날 조선 전기 200년 역사를 읽고 쓸 수 있는 것은 오로지 태인(지금 칠보)의 두 선비가 있었기에 가능한 것이었다. 임진왜란 당시 전주사고를 제외한 나머지 사고에 보관된 실록이 불에 타 소실되었을 때 기록문화의 소중함을 일찍 깨달은 이들이 실록을 내장산으로 안전하게 옮김으로써 실록을 보존할 수 있었다. 그럼에도 불구하고 결과론에 치우친 역사인식으로 말미암아 임진왜란 초기 실록 피란의 중요성을 인식하고 있는 사람은 드물다.

조선왕조실록은 1973년 12월 31일 국보 제151호로 지정되었고, 1997년 10월 1일에는 '세계기록유산'으로 지정되어 이제 그 가치를 세계적으로 인정받고 있다. 이런 실록이 오늘날 보존될 수 있었던 것은 물재(勿齋) 안의(安義, 1529~1596)와 한계(寒溪) 손홍록(孫弘祿, 1537~1610)이라는 두 선비가 있었기에 가능한 것이었다.

다만 이 두 선비가 실록 피란의 주역이라는 이야기이지 오직 이 두 사람만의 힘으로 실록이 보존될 수 있었다고 주장한다면, 이는 또 다른 형태의 역사왜곡이 될 수밖에 없다. 동학농민혁명의 경우, 모든 혁명이 그렇

듯이 혁명을 촉발시킬 위대한 지도자 없이 혁명이 일어날 수 없는 법이다. 그런 면에서 농민군 최고 지도자로서 전봉준에 대한 역사적 평가나 그 위상에는 변함이 있을 수 없다. 하지만 아무리 뛰어난 지도자라 해도 한 사람이 전체를 포괄할 수는 없는 법이다. 동학농민혁명계승사업회에서 무명동학농민군위령탑을 세운 것도 전봉준 위주의 역사인식에서 벗어나고자 했기 때문일 것이다. 또 2021년 9월 13일 친일파 김경승이 세운 동상을 철거하고 혁명의 주요 지도자들을 포함하는 군상(群像)을 새롭게 제작하는 것도 그 같은 역사인식에서 비롯된 것이다.

  '역사는 지식이 문제가 아니라 의식이 문제'라는 것은 새삼스러운 일이 아니다. 역사를 어떤 관점에서 보느냐는 대단한 중요한 문제다. 실록 피란에 대한 이야기를 하면서 역사인식에 대한 문제를 짚고 가는 것은 역사의 범주에 속하는 모든 분야에 해당되기 때문이다.

아무튼 안의와 손홍록 선생의 실록보존에 관한 공적은 아무리 강조해도 지나치지 않을 것이다. 이러한 기록문화 보존의 정신을 기리기 위해 오래 전에 내장산에 조선왕조실록내장산이안사적비가 설치되었다. 사적비는 1991년에 세워졌으니 임진왜란이 발발한 지 무려 400년이 지난 뒤에서야 우리 지역 주민들의 뜻이 모여 세워지게 된 셈이다.

그런데 문제는 뜻을 기리는 건 좋은데 이 사적비가 우화정 맞은 편 화장실 옆쪽에 있어 녹음이 우거지거나 단풍철에는 잘 보이지 않는다는 점이다. 그 옆에 서보단사적비(誓報壇事積碑)도 마찬가지다. 누가 봐도 위치나 방향을 알려주는 안내판 하나 정도는 있어야 할 곳이나, 이것 하나를 해결하지 못하고 있다. 그러고선 내장산은 단풍과 비자림 이외에는 볼 것이 없다고 한다. 단풍철 탐방객 가운데 내장산과 조선왕조실록을 연관지어 찾아오는 사람들이 얼마나 되겠는가. 사적비의 위치를 알려주는 표식을 세우는 일이 시급한 실정이다.

조선왕조실록을 정읍으로 옮기게 된 과정

1592년 임진왜란 당시 경기전 참봉이었던 오희길(吳希吉)은 태조의 어진과 전주사고에 보관되어 있던 조선왕조실록을 전라감사를 대신하여 수호하게 되었다. 오희길은 태조의 어진과 실록을 내장산 용굴암(龍窟岩)으로 피란시키기로 결정하고, 태인현으로 일재(一齋) 이항(李恒)의 문인이었던 손홍록을 찾아갔다.

이에 손홍록은 동문수학한 안의와 뜻을 같이 하고 가동(家僮) 열 명과 함께 전주 경기전으로 달려가 어진과 실록을 그 해 6월 용굴암으로 피란시켰다. 오희길 37세, 안의 64세, 손홍록의 나이 56세 때의 일이다. 전주

내장산 용굴암지(용굴 바로 앞)

경기전에서 옮겨진 피란 서적은 60궤짝이었으며, 실록 830책, 고려사 등 538책 등이었다. 안의와 손홍록은 실록을 피란 보존시킨 공으로 별제(別提) 벼슬이 내려졌으나 끝내 나아가지 않았다.

조선왕조실록을 지켜 낸 태인 선비, 안의와 손홍록

임진왜란 당시인 1592년 6월 정읍 태인에 사는 안의와 손홍록이라는 두 유생들에 의해 실록이 내장산으로 옮겨진 뒤에는 사냥이나 약초 캐는 일을 생업으로 하던 산척(山尺)과 무인 김홍무(金弘武), 내장사 주지 승려 희묵(熙黙) 등 100여 명이 힘을 모아 주야로 왕조실록과 어진을 지켰다. 두 유생들이 실록을 지킨 내용은 안의가 쓴 『임계기사』의 「수직상체일기(守直相遞日記)/전북 유형문화재」에 잘 나타나 있다.

기록문화의 꽃, 임계기사(壬癸記事)

이 기록에 따르면 은적암(隱寂庵/隱峰庵)에 옮겨진 실록은 뒤에 더 깊숙한 비래암(飛來庵)으로 옮겨졌으며, 용굴암으로 옮겼던 태조 어진 역시 뒤에 비래암으로 옮겼다고 되어 있다. 옮겨진 실록은 370일 동안 내장산에 보존되었다.

조선왕조실록 피란과 보존의 역사적 의의

왜란 이후(광해군)에는 이를 모본으로 춘추관, 오대산, 태백산, 정족산, 묘향산(적상산) 등 5대 사고로 다시 정비되었다. 이로써 조선 전기 200년 역사의 단절을 막고, 세계기록유산으로 지정될 수 있었다. 전주의 역사학자 조병희 선생은 두 선비의 업적을 "10만 대군을 물리친 공에 버금가는 것"으로 평가하였다.

안의와 손홍록 선생을 모신 사당, 남천사(藍川祠)

• 문화재자료 제154호

• 정읍시 칠보면 시산리 844

남천사는 1676년(숙종2)에 처음 세워져 안의와 손홍록, 일재 이항의 문인으로 임진왜란 때 장성에서 의병을 일으킨 김후진(金後進, 1540~1620)의 위패를 모신 사당이다. 서원철폐령으로 없어졌다가 1926년 다시 세우고 김두현(金斗鉉)을 추가로 모셨다. 안의와 손홍록은 임진왜란의 전란 속에서 당시 전주사고에서 보관하고 있던 조선왕조실록을 내장산의 은적암, 용굴암, 비래암으로 옮겨 보존하고, 강화도를 거쳐 묘향산까지 옮겨가며 전쟁 7년 기간 동안 지켜냈다. 춘추관과 충주, 성주사고의 실록이 모두 불타 없어지고 유일하게 남은 전주사고의 실록을 지켜냄으로써 역사의 단절을 막고 조선 전기 역사의 맥을 이어나갈 수 있게 된 것이다.

박찬승 전 한양대학교 사학과 교수는 그의 저서인 『역사의 힘』(2017) 제1편 조선의 힘에서 실록을 지킨 사람들을 가장 먼저 다루고 있다. 오늘날 우리가 조선 전기의 역사를 읽고 연구할 수 있는 것은 순전히 안의와 손홍록이라는 두 사람 덕분임을 강조하고 있다. 그런데도 현행 교과서는 물론이고 심지어 당시의 조선왕조실록에도 이들의 이름이 나오지 않는 점을 안타깝게 지적하고 있다.

역사적으로 볼 때 조선왕조실록과 동학농민혁명은 정읍을 상징하는 두 개의 문화 중심축이다. 정읍에 기록문화와 관련된 박물관을 서둘러 설립해야 할 이유가 바로 여기에 있다. 이것이 '정읍정신'이라면 기록문화박물관을 세우는 일은 바로 '정읍다운 도시'를 만드는 일이다. 애초부터 그랬어야 할 일이다. 가장 시급한 것은 안의와 손홍록 선생을 모신 남천사를 찾는 방문객들을 위해 주차공간을 마련하는 일일 것이다.

호남을 대표하는 태산선비문화,
어떻게 계승해야 하는가

태산선비문화권은 협의의 개념으로 보면 칠보의 옛 지명이자 태산으로도 불리는 현 시산(詩山)과 원촌마을 뒷산인 성황산(城隍山)을 중심으로 하는 지금의 칠보면 무성리와 시산리 일대를 말한다. 이는 고을을 다스리던 행정기관[治所]이 있었던 곳을 중심으로 하는 개념이다. 마을로 치면 2019년 세계유산이 된 무성서원이 있는 원촌(院村)마을과 500년 전통을 이어온 향약마을 남전(藍田), 그리고 시산 밑의 송산(松山)마을이 향약이 실시되던 고현동의 핵심부를 차지하는 곳이다.

이 같은 고현의 선비문화는 영남지방에 있는 안동의 선비문화와 곧잘 비교된다. 영남지방에 안동이 있다면 호남지방에는 바로 정읍 태산이 있다는 것으로, 이는 각각 나라의 동쪽과 서쪽에서 선비문화가 대표적으로 이어져 오고 있음을 말하는 것이다. 그런데 안동은 '한국정신문화의 수도'라는 기치를 내걸고 유교문화의 맥을 잘 이어오고 있는 반면 이곳 전라도 태산은 전통문화의 유산을 잘 간직하고 있으면서도 이를 계승 발전시키지 못했다.

선비란 어떻게 살아야 하는가

'선비'하면 갓 쓰고 두루마기 입은 대쪽 같은 사람이 연상되기 마련이다. 여기에 더해 올곧은 지조는 있으나 고리타분한 원칙주의자 쯤으로 여기기도 한다. 또 선비란 "학덕은 있으나 벼슬하지 않는 사람"을 일반적으로 지칭하기도 한다. 하지만 벼슬길에 나갔다고 해서 그를 선비가 아니라고 하지는 않는다. 또 옛사람들은 학덕이 있다 해서 무조건 선비라 하지 않았다. 선비가 되기 위해서는 교양과 품격을 갖추어야만 했다. 이를 갖추지 못하면 선비라 하지 않은 것이다. 한마디로 선비가 되는 길은 쉬운 게 아니었다. 여기에 더해 '행(行)'하지 않으면 이 또한 선비라 하지 않았다. 배워서 아는 것을 실천하는 사람이 선비였다. 즉 옛사람들은 인격의 바탕 위에 도덕적인 실천을 하는 사람을 선비로 본 것이다. 깨달았으면 죽을 때까지 실천하고자 했던 이들이 바로 선비들이었다. 그것이 선비들의 삶이었다. 선비에게 가장 중요한 것은 죽더라도 옳다고 믿는 것을 바로 실천하는 데에 있었다.

태산의 선비문화와 안동의 선비문화의 차이

태산선비들의 절의정신은 나라가 위기에 처할 때마다 빛을 발하였다. 을사늑약 후 면암 최익현과 돈헌 임병찬이 무성서원에서 창의함으로써 의병이 전국으로 확산하는 계기가 되었다. 한편 춘우정 김영상은 일제의 은사금을 거절하고, 희당 김천술은 나라가 일제에 의해 합방되자 국가의 녹(祿)을 먹는 관리가 아니었음에도 집 앞 우물에 투신하여 순국하였다. 조선의 선비정신을 몸으로 실천한 것이다. 소성 출신 김양수가 파리장서에 서명한 것도, 태인 유림들이 독립만세운동을 주도한 것도 모두 절의와 지

조를 지키고자 했던 선비들의 가치관을 몸소 실행한 것이다.

　퇴계 이황이 생전에 가장 강조한 것이 공경하고 삼가고 또 삼가는 '경(敬)'이었다면, 태산선비들의 삶은 바로 이러한 선비정신을 실천하는 데 의미를 두는 '행(行)'에 그 가치를 두었던 것이다.

선비문화의 현대적 계승, 어떻게 해야 하는가

　오늘을 사는 현대인들이 선비정신을 계승한다면 지켜야 할 도리이자 가치는 무엇인가. 항목을 정해놓고 이를 실천하는 것도 의미가 있을 것이다. 아랫사람의 이야기를 잘 듣는 것, 나이와 직급이 어려도 함부로 대하지 않는 것, 유리하다고 상대를 업신여기지 않는 것, 이 모두가 상대를 공경하고 배려하는 일에서 시작된다. 품격은 상대를 배려함으로써 더욱 빛이 나기 마련이다. 품격이 높은 사람은 겸손할 줄 알며, 상대방으로부터 내게

희당 김천술 투신 표지석(칠보 행단)

없는 장점을 볼 줄 안다. 아주 사소한 것 같지만 이러한 것들을 잘 실천하는 일, 이것이 바로 시대정신에 부합하는 일이다. 쉬운 것 같지만 실천하기 어려운 것이 바로 이것이다.

해리포터에 나오는 대사 중의 일부이다. "그 사람이 어떤 사람인지 알고 싶다면 그와 동등한 사람이 아닌 아랫사람을 어떻게 대하는지 유심히 보면 알 수 있다"고 했다. 공자가 말했다. "아랫사람에게 '묻는 것(不恥下問)'을 부끄러워하지 말라." 이는 모르면 묻고 잘 들으라는 주문이다. 공자는 학식의 유무는 물론, 나이와 지위를 불문하고 모르는 것이 있으면 물을 것을 제자들에게 당부했다. 사람은 말하는 것보다 상대방의 이야기를 듣는 것이 더 중요하다는 것을 평생을 두고 제자들에게 가르친 것이다.

측근의 이야기를 듣지 않아 대사를 그르친 경우를 『삼국지』를 통해 우리는 이미 학습한 바 있다. 가장 현명하다고 이야기되는 현덕 유비조차도 관우와 장비를 잃고 난 뒤 분별심을 잃고 오로지 복수심에 불타 책사인 제갈량의 조언을 귀 기울여 듣지 않았다. 결국 오나라의 손권을 무리하게 공격하다가 대패했는데, 이 사실에서도 듣는다는 것이 얼마나 중요한 지 알 수 있다.

국가경영에서도 마찬가지다. 조선시대 대사간이었던 이감은 "예로부터 국가가 간하는 것을 들어서 흥하지 아니한 적이 없고, 간하는 것을 듣지 않고서 망하지 아니한 적이 없다"고 연산군에게 직언하였다.

이 모든 것을 종합하면 결국 말하는 것보다 듣는 것이 더 중요하다는 결론에 이르게 된다. 듣기 위해서는 내 말을 줄이는 수밖에 없다. 듣는다는 것은 상대방과 소통하고자 함이요, 상대방을 배려하고 자신을 낮추고자 하는 겸손에서 나오는 자세이다. 이제 상대방의 말에 공경하는 마음으

로 귀 기울여 듣는 훈련부터 하자. 그리고 '깨달았으면 죽을 때까지 실천
하자.'

정읍서 파리장서에 유일하게 서명한
애국지사 김양수 선생

　2019년은 동경2·8독립선언, 3·1독립만세운동, 한국유림단독립운동 파리장서사건(기미유림단사건), 상해임시정부수립, 의열단 창립 100주년이 되는 뜻 깊은 해이다. 그런데 앞의 네 가지 역사적 사건이 서로 연관되어 있고 모두 우리 정읍과 밀접한 관련이 있다.

　2·8독립선언에 백봉 라용균(羅容均) 선생이 배후에서 거사자금을 조달하는 데 주된 역할을 하였고, 3·1독립만세운동에서는 박준승(朴準承) 선생이 민족대표 33인의 한 사람으로 서명하였다. 파리장서에는 면암학파 김양수(金陽洙) 선생이 유일하게 서명했으며, 보천교에서는 5만 원(현 시가 추산 20억 원)의 독립운동자금을 상해임시정부에 전달하였다.

　이상 열거한 내용 가운데 파리장서사건을 기념하는 한국유림독립운동 파리장서비가 정읍사공원 내에 세워져 있음에도 그 역사적 의의에 걸맞게 이를 아는 시민들이 많지 않다. 그 사건의 내용이 우리 독립운동사에 큰 족적을 남긴 만큼 이제라도 지역의 역사학자들이 관심을 갖고 널리 알려야 할 일이다.

　파리장서는 1919년 3·1독립만세운동에 참여하지 못한 것을 안타깝게 여긴 유림들이 파리강화회의에 독립탄원서를 보내려다 발각된 사건이다. '파리장서사건', '유림독립선언', '제1차 유림단사건'이라고도 한다. 주도 인물은 경상도 성주 출신의 심산(心山) 김창숙(金昌淑, 1879~1962)을 비롯한 산청 출신의 면우(俛宇) 곽종석(郭鍾錫, 1846~1919), 충남 홍성 출신의 지산(志山) 김복한(金福漢, 1860~1924) 등 137명이다.

이를 분석하면 영남지방에서 110명, 호서지방에서 17명, 호남지방에서 10명이 서명하였다. 이와 같이 호남에서 파리장서에 서명한 유림이 10여 명에 불과한 것은 동학농민혁명으로 많은 사상자가 나온 데다 3·1독립만세운동 직후 일제의 감시가 삼엄하여 시일을 늦출 수 없는 관계로 서명자들을 영남 중심으로 기호지방에 그치고 말았기 때문이다. 여기에 더해 독립을 서양의 오랑캐에게 호소하는 것이 바람직하지 않고 왕정을 복구하자는 복벽(復辟)이 아닌 공화정(共和政)을 실시하려 한다는 점에서 서명을 거절했던 간재 전우의 탓이 크다는 것이 그간의 분석이었다.

최근에는 1910년 당시 호남에는 간재학파뿐만 아니라 노사학파(奇正鎭), 연재학파(宋秉璿), 면암학파(崔益鉉), 면우학파(郭鍾錫) 등 다양한 인맥이 존재했던 만큼 서명자가 적은 것을 간재 전우 한 사람에게 전가하는 것은 옳지 않다는 견해가 발표되었다. 또 참여 인원이 적다고 해서 그 의의를 낮게 평가할 수는 없는 일이다. 참여자 가운데 누가 어떤 역할과 활동을 했느냐에 따라서 평가는 달라질 수 있기 때문이다.

파리장서에 서명한 정읍과 고창 출신 유생들

파리장서에 서명한 최익현(崔益鉉)의 학맥은 총 7명으로 서명자는 고석진(1856~1924), 고순진(1863~1938), 고예진(1875~1952), 고제만(1887~1909), 김

양수, 백관형, 유준근 등이다. 유준근은 백관형의 문인이다. 이중 충남이 2명(백관형·유준근)이고 전북 고창이 4명(고석진·고순진·고예진·고석만), 정읍이 1명(김양수)이다. 이들은 1906년 최익현의 병오창의[태인의병]에 참여하고 1914년 독립운동 단체인 독립의군부에도 가담했다는 공통점이 있다

김양수의 서명과정과 활동

김양수(金陽洙, 1849~1930)는 이름이 후일(後一), 또는 성문(性文)이다. 호는 유재(柳齋)로 본관이 김해이다. 1849년 정읍시 소성면 애당리 두암마을에서 태어났다. 학업에 탁월한 재능이 있었고 특히 주역(周易)에 통달하여 천문·지리·황극(皇極)·산술·병서 등에 조예가 깊어 '술사(術士)'로도 널리 알려졌다. 1905년 을사늑약이 체결되자 동지규합에 어려움을 느끼고 있는 최익현을 찾아 거사를 모의하였다. 이들은 격문을 작성하여 8도에 배포하

고 12월 충남 노성에서 각지로부터 모집된 7백여 명과 함께 의병을 일으켰다. 김양수는 송천 고예진 선생으로부터 의병 참여를 권유받았다. 고창 도동사에 최면암과 함께 봉안된 송재(松齋) 송용진(宋龍鎭) 사장기(事狀記)에 김양수와 함께 병오창의를 함께 모의했다는 기록이 있다.

고예진이 쓴 고제남(高濟南, 1887~1909) 행장에도 고제남은 1907년 군대 해산 당시 19세의 나이로 김영백(金永伯)의 좌익장으로 활동했으며, 12월에는 의병 200명을 이끌고 활동하면서 정읍에서 일본 헌병과 교전하여 크게 격파하였다고 되어 있다. 1909년 6월에는 김영백·변순호(邊順浩)·이화일(李花日) 등 7명의 동지들과 함께 소성면 두암방(정읍시 소성면 문당리, 현 애당리 지칭)에서 일본군을 공격할 작전을 모색하던 중 헌병에게 붙잡혀 장성 북이면 헌병분견소에서 총살당했다는 기록이 있다. 여기서 7명이 모의했다고 하면서도 기록은 고제남을 포함한 4명만 되어 있으나 모의장소가 김양수의 출생지인 두암마을이었다는 점에서 김양수가 이 7명에 포함되었을 가능성이 충분하다. 이로 보아 김양수는 병오창의는 물론 군대해산 당시에도 의병 대열에 합류하고 있었음을 능히 알 수 있다. 1919년 3월 3일 고종의 인산일(장례일)에 고석진·고제만·고순진·고예진·진정규(陳精圭)와 함께 상경하여 순종의 복위를 주장하는 상소를 올리고 파리장서에 서명하였다.

파리장서에 서명한 뒤에는 당초 계획했던 파리 행을 중지하고 그곳에 머무르고 있던 김규식을 통해 파리강화회의에 보내는 동시에 각국의 주중 공사관, 중국정부와 국내 각 기관 및 향교에 보냈다. 이에 일제가 두려워하고 세계가 놀랐으며 국내에서는 이천만인의 만세소리가 강산을 뒤흔들었다. 그는 호적과 납세를 거부하는 등 평생을 항일로 보냈다. 2001년 5월에 건국포장에 추서되었다.

김양수의 애국활동과 그 의의

3·1독립만세운동이 일제와 국내에 한정된 것이라면, 파리장서는 일제의 침략상을 세계만방에 알리고 한국의 독립을 국제적으로 호소했다는 데에 의의가 있다.

파리장서(2,674자) 서명자 137명 중 3분의 2 이상이 문중의 종손이거나 한 가정의 장자였던 것으로 나타난다. 이들 서명자들은 전통적인 질서가 여전히 남아 있던 지역에서 여론을 주도하던 유력자이기도 했다. 따라서 파리장서운동은 이들 유림 또는 지역 유력자들이 식민통치 권력과 타협을 거부하고 전면적인 투쟁에 나섰음을 보여준 상징적인 사건이라 할 수 있다.

정읍에서 유일하게 파리장서에 서명했던 김양수는 최익현 계열의 유학

애국지사 김양수 선생 묘비(소성면 두암마을)

자로 고창 신림 출신인 송천 고예진으로부터 의병 참여를 권고받고, 병오 창의는 물론 군대해산 당시에도 의병활동을 전개하였다. 이후 독립의군부 참모관으로 명령받아 전남북 지역의 책임자를 선정하는 작업을 마쳤다. 이 같은 김양수의 활동으로 보아 의병이 독립군으로 전환되었음을 또 한 번 확인하게 된다.

애국지사 김양수(金陽洙) 선생 묘비문

애국지사 김양수 선생은 1849년 11월 11일 전북 정읍시 소성면 애당리 두암마을에서 태어났다. 선생은 김해인(金海人)으로 자는 후일(後一) 또는 성문(性文)이며, 호가 유재(柳齋)이다. 시조는 가락국(駕洛國)의 수로왕(首露王)이며, 부는 석구(錫龜)이다. 일찍이 화서(華西)의 문인인 면암(勉庵) 최익현(崔益鉉)의 문하에서 공부하여 학문이 높은 경지에 이르렀고, 특히 주역(周易)에 막힘이 없었으며, 천문·지리·황극(皇極)·산술·병서 등에 뛰어나 '술사(術士)'로도 그 이름이 널리 알려졌다.

1905년(광무9, 56세) 10월 17일 을사늑약(乙巳勒約, 제2차 한일협약)이 체결되자 면암이 그 부당함을 조정에 상소하였다. 유재는 그 다음 해인 1906년 2월 22일 고예진으로부터 의병참여를 권유받고, 고석진, 고용진, 고제만, 임병찬 등과 합류하여 무성서원에 호남창의소를 설립하였다. 6월 4일 최익현의 병오창의[태인의병]에 참여하고, 동맹록(同盟錄)에 서명했으며 면암을 의병대장으로, 임병찬을 지휘 책임자로 결정하였다.

병오창의가 실패로 돌아간 뒤에는 1907년 7월 6일 호남학회(238명) 결성에 참여하였다. 8월 10일 고창군 신림면 가평리의 방호정사(方壺精舍)에서 고석진, 고용진, 고예진, 고순진, 고재남, 황종관, 강종회 등 60여 명과 함께 의병항전을 결의하였다. 12월 5일 김영백 부대와 고석진 부대에 합류하여 항일투쟁을 전개했으며, 12월 26일 입암산성에서 일본헌병과 싸워 큰 전과를 올렸다.

1909년 6월 23일(60세) 고제남, 고석진, 고예진, 고용진, 김영백, 변순호, 이화일 등 7인과 함께 정읍 소성 두암에서 작전을 모의하던 중 일 헌병에 체포되었다. 1914년 7월(65세)

비밀리에 고종황제로부터 독립의군부 참모관의 명을 받고 경상, 충청, 전라 일원에서 독립사상을 고취하며 정읍, 고창, 부안, 순창 등지에서 무기와 군자금을 모아 독립군 전라도 재무국장 강익문에게 전달하였다.

1919년 프랑스 파리의 베르사유 궁전에서 만국평화회의가 열린다는 소식이 들리자 선생은 3월 23일 전국 유림대표 곽종석(郭鍾錫), 김복한(金福漢) 등 137인과 함께 독립청원서에 서명하였다. 이것이 이른바 '파리장서 사건'이다.

이 일이 발각되어 선생은 모진 고문을 당한 후 왜경의 감시대상이 되었으나 이에 굴하지 않고 국권회복을 위한 활동을 계속하다가 안타깝게도 조국광복을 보지 못한 채 이곳 자택에서 1930년 8월 7일 82세의 일기로 별세하였다. 이에 정부에서는 선생의 공훈을 기리어 2001년 8월 15일 건국포장을 추서하였다.

이 묘비는 정읍시의 후원과 유재 선생의 거룩한 정신을 기리기 위한 증손 용환(容煥)의 지극한 열성과 노력의 결과로 세워진 것이다.

2021년 5월 사단법인 정읍역사문화연구소 이사장 김재영 쓰다

태인 유림들이 주도한 3·1독립만세운동

태인은 근대이행기 동학농민혁명의 마지막 전투가 있었던 곳이며, 을사늑약 이후 호남 최초의병인 병오창의[태인의병]의 의병 주둔지였다. 또한 태극도(부산)와 대순진리회의 전신인 무극대도(無極大道)의 발원지이기도 했을 뿐만 아니라 3·1독립만세운동이 일어난 고장으로 일제에 대한 투쟁성과 독립운동에 대한 상징성이 매우 강한 고장이다.

그럼에도 불구하고 그간 학계에서조차 도외시된 것은 중앙사 중심의 역사연구가 더 가치 있을 것이라는 편협한 사고와 지역 역사학자들의 해당 분야 연구 인력의 부족에서 오는 현상이었을 것이다. 거칠게 이야기하면 이러한 연구가 돈이 되지 않았기 때문일 수도 있다. 그러한 측면에서 지자체에서는 지역의 역사학자들이 충분히 연구할 수 있는 여건을 만들어주고 연구 인력을 확충할 필요가 있다.

3·1독립만세운동의 경우, 그간 전라북도에서는 개신교 계통의 학교인 영명학교를 중심으로 전개된 군산 옥구의 만세시위를 비롯, 임실 오수 둔덕이씨의 만세시위, 남원 덕과면장 이석기의 만세시위, 전주 서문교회를 중심으로 한 기전학교와 신흥학교의 만세시위, 두 팔을 잃고도 만세를 외쳤

던 익산의 문용기 열사의 만세운동에만 주목했다.

2019년 8월 17일 정읍시가 주최하고 사단법인 정읍역사문화연구소가 주관하는 학술대회에서는 그간 묻혀있던 태인지역의 독립만세운동이 재조명되고, 독립만세운동의 전사(前史)에 해당하는 태인지역 의병운동인 병오창의(丙午倡義)와 태인 미륵불교(彌勒佛敎)의 '신인동맹사건(神人同盟事件) 등이 발표됨으로써 태인이 명실 공히 인근지역 독립운동의 중심에 있었다는 사실이 입증되었다. 지면관계상 여기서는 만세운동의 전개과정보다는 주도 인물들을 중심으로 살펴보려고 한다.

〈표2〉에서 알 수 있듯이 송수연은 주도자라 하여 2년의 징역형을 받았다. 참가자 중 송수연을 비롯한 송한용, 송진상, 송영근(가수 송대관의 조부), 송문상, 송근상(송문상의 친형), 송순용(이상 7명)은 여산송씨이고, 김현곤, 김부곤, 김달곤, 김진근, 김진호, 김승권(이상 6명)은 김해김씨로 대부분 같은 항렬자에 해당된다. 태인은 능양시씨, 능양왕씨, 김해김씨, 여산송씨 등이 향반세력으로 이들이 지역 내 상당한 세력을 점유한 주도 세력이었다. 대부분 향교 운영에 가담했던 유림들이었다. 따라서 만세운동에 참여한 송씨와 김씨들은 문중에서도 이름난 명망가들이었을 것으로 보인다.

만세 시위의 주도 인물은 연령상 20~30대가 주류를 이루며, 30대는 구속된 인사 25명 가운데 3명에 불과하다. 20세 이하의 김승권(18), 김진근(19), 김부곤(19), 윤치도(20), 송진상(20), 김현곤(20) 등 젊은 청년들의 참여가 눈에 띈다. 계층별로 볼 때는 노동자와 농민을 포함하는 민중들이 다수였으며, 소위 '지식인'으로 불리는 보통학교 교사, 학생 혹은 졸업생, 면서기와 같은 하급 관리들이 참여하였다. 3·1독립만세운동 전 시기에 걸쳐 입감된 사람들의 직업 통계에도 농민 58.4%, 지식인·청년·학생 20.8%, 상

〈표2〉 태인지역 3·1만세시위 주동 인물 재판 결과(25명)

성명	출생연도	주소	판결결과
송수연(宋洙淵)	1895.12	증산리	징역 2년
김현곤(金玹坤)	1900.3.3	태성학교졸/태인면서기	징역 1년 6/상고 무죄
송한용(宋漢鏞)	1896.9.18	태흥리	징역 10개월
신영식(辛泳寔)	1899.9.6	태흥리	징역 8개월
송진상(宋鎭相)	1900.2.15	태흥리	징역 8개월
송덕봉(宋德奉)	1895.10.8	태흥리	징역 8개월
백낙두(白樂斗)	?	보통학교 교사	징역 8개월
박지선(朴址宣)	1894.5.20	태성리	징역 6개월
송영근(宋榮根)	1896.7.20	태흥리	징역 6개월
백복산(白福山)	1890.1.28	태성리	징역 6개월
오석흥(吳錫興)	1893.1.9	태성리	징역 6개월
유치도(柳致道)	1901.3.14	태흥리	징역 6개월
송근상(宋根相)	1893.7.22	전주농고 1회 졸업	징역 3개월/집유 2년
김부곤(金富坤)	1901.5.7	태흥리	기소유예
오철수(吳徹洙)	1899.5.22	태흥리	기소유예
김진근(金鎭根)	1901.3.18	태흥리	기소유예
최민식(崔敏植)	1892.8.10	옹동면 칠석리	태형 90도
김진호(金鎭浩)	1894.9.25	태흥리	태형 90도
김용안(金龍安)	1887.4.11	태성리	태형
김승권(金勝權)	1902.12.24	옹동면 매정리	구류 20일
권사옥(權士玉)	1883.10.5	옹동면 매정리	구류 20일
송순용(宋順鏞)	1882.9.9	태흥리	구류 20일
윤상홍(尹尙弘)	1850.2.28	궁사리	구류 20일
송문상(宋文相)	1896.12.2	태남리/오성학교 학생	2심 무죄 [대구복심법원]
김달곤(金達坤)	1896.8.6	태흥리	징역1년/ 2심 무죄 병보석 5일 뒤 사망

*출전: 국가기록원 독립운동 판결문, 최현식, 『정읍항일운동사』, 정읍문화원, 1994, 167~168쪽; 주명준·정옥균 편저, 『전북의 3·1운동』, 전북인권선교협의회, 2001, 93쪽.

공업자 13.8%, 노동자 3.9%, 무직자 3.1% 등과 유사한 분포를 보이고 있다. 주도 인물들이 다소나마 신교육을 받은 인물들이었다는 점도 유사하다. 하지만 3·1독립만세운동 당시 면사무소가 시위대들의 주된 공격 대상이었으나 태인에서는 면서기가 만세 시위를 준비하는 과정에서 적극적이었다는 것은 주목할 만하다.

주도 인물 가운데 송한용은 10개월 복역 후 상해 임시정부의 국창현(鞠昌鉉)과 연락을 유지하면서 군자금 7천 원을 전달하는 등 지속적으로 독립운동을 실시한 공적이 인정되어 그에게 대통령 애족장이 수여되었다. 이때 영원면의 라홍균(羅鴻均)은 한번에 1천 원이라는 거액을 희사하였다. 라홍균은 당시 8천 석을 추수하는 부호였다. 그의 동생이 라용균으로 임시정부의 전북대의원으로 활동하였다. 김부곤은 1926년 동아일보 태인지국 고문으로 활동하였으나, 이후 사회운동에는 참여하지 않은 것으로 보인다.

박지선은 총무직책을 맡았다는 이유로 모진 고문을 받았다. 그는 두 손바닥에 일주일 동안 못이 박힌 채 대침으로 손톱 끝을 찌르는 고문을 당하기도 했다. 심지어 성기에 못을 박아 넣기까지 해서 성 불구자가 되었다. 송한용 역시 고문으로 몇 번이나 까무러쳤는지 기억하지 못했고, 손바닥에 못을 박거나 손가락을 불로 지지는 고문을 당했다. 그럼에도 불구하고 형기를 마치고 나온 이들은 조금도 후회하지 않았으며 기회만 있으면 또다시 독립운동을 할 생각이었다. 형무소를 나와 보니 박지선의 아내는 왜경에 얼마나 뺨을 맞았는지 이가 모두 빠져 있었다. 송한용의 아내도 일본헌병에게 참혹하게 얻어맞아 이미 골병이 들어 있었다. 출소한 이후에도 이들은 요시찰인명첩에 올라 십리도 마음대로 출입할 수 없었다. 신고를 안 하고 출입할 경우에는 어김없이 곤장을 맞아야 했다. 이런 상황에서도 정읍의 이익겸과 박환규 등에게서 군자금을 얻어 상해임시정부의 연락책인 국창현에게 전달하고 의주까지 호송하기도 했다. 훗날 박지선은 이 군자금이 이청천(李靑天) 장군에게 전달되었다는 이야기를 듣고 한없이 기뻤다고 술회했다.

태흥리에 주소를 둔 송영근은 가수 송대관의 조부이며, 가장 나이가 많은 연장자는 궁사리 출신의 윤상홍으로 당시 나이 70이었다. 참여자들이 20~30대인 점을 감안하면 적어도 40~50년의 차이가 있는 손자뻘의 청년들과 만세운동을 같이 한 셈이 된다. 최고령자로 상징적인 의미가 컸을 것이다. 아마도 고령으로 직접 만세운동에 참여하기는 어려웠을 것이다. 그의 참여는 만세운동이 전개될 수 있도록 인적 동원이나 만세운동을 위한 간접지원의 형태를 띠었을 것으로 추정된다. 그가 동학농민혁명 당시 고부 지역을 대표하여 봉기했음이 『동학사』, 『천도교회월보』 등의 사료를 통해 확인된다. 이후 1904년 갑진개화운동과 3·1독립만세운동에 참여하였다. 윤상홍은 천도교 교역자로 포덕사(1925.6), 태인대신사백년기념회원(1924), 해월신사백년기념회원(1927), 태인종리원 감사원(1930.4) 등 태인교구를 관할하는 책임자였다. 최근까지 천도교 명의의 직인과 임명장을 증손자인 윤대식이 보관했으나 10년 전 마을에 큰 홍수가 나면서 유실된 것으로 알려졌다(현지답사, 2017.03.05, 정읍역사문화연구소 안후상·김재영·서혁기·이진우). 윤대식은 고조부인 윤상홍이 천도교 태인교구에서 활동한 일과 태인독립만세운동에 참여한 일을 집안 내력으로 기억하고 있으나 갑오년의 일은 알지 못한다고 하였다. 가장 나이가 어린 참가자는 옹동면 매정리 출신의 김승권(18)이었다.

이러한 역사적인 사실로 비추어 볼 때 이는 정읍시민의 자긍심이 되기에 충분하다. 그런데도 100주년이 지난 지금 태인지역 3·1독립만세운동에 관한 연구논문 한 편이 없고, 모의 장소였던 한정자(韓亭子)에만 안내문이 있을 뿐 거점 장소였던 읍원정(挹遠亭)에는 아예 표식조차 없는 실정이다. 만세시위 현장인 구 태인면사무소 부근과 태인을 둘러싸고 있는 성황산, 항가산, 무극대도 터, 미륵불교 본부, 병오창의 당시 의병의 주둔지였던 태인향교 등지를 연결하는 독립운동 답사코스를 개발하는 일이 시급하다. 특히 송명섭 명인의 막걸리양조장 옆이 저잣거리로 이곳에서 만세운동이 시작되었다. 또 피향정 함벽루에서 현 태인교회 앞까지가 옛날 저잣거리로 1980년대까지 반짝시장이 열렸던 곳이다. 새벽교회의 종소리가 울리면서 장이 열리고 해가 뜨면서 장이 마무리되었다. 이때까지도 각자 필요한 물건을 서로 바꿔 쓰는 물물교환의 풍속이 여전히 이루어졌다. 태인 우회도

태인 성황산 3·1운동기념탑과 위패봉안소

로가 끝나는 지점에는 총독에게 한국불교 간섭을 따진 한국선불교의 중시조격인 송만공(宋滿空) 스님의 생가 터가 자리하고 있고, 읍원정 주변 대나무 밭에는 태인 3·1독립만세운동의 주역인 송수연(宋洙淵)이 세운 관왕묘가 있었으며, '도챙이고개(道昌峴)'는 동학농민혁명 당시 마지막 전투였던 항가산(恒迦山) 전투가 있었던 곳이다.

최근 3·1독립만세운동에 대한 재평가 작업이 이뤄지고 있다. 대한민국의 정통성이 바로 여기에 있다는 주장과 함께 민중이 민족해방운동의 주체가 되었다는 의의에 더해 3·1운동을 이제 '혁명'으로 불러야 한다는 주장까지 제기되고 있다. 정부와 관계기관에서는 여성 독립운동가 발굴에 앞장서고 있다. 또 유관순 열사가 1962년에 받은 건국훈장 독립장(3등급)이 2019년 3·1절을 맞이하여 건국훈장 대한민국장(1등급)으로 격상 서훈되었다. 이러한 추세에 맞춰 앞으로 독립운동 사적지를 태인의 명소로 가꿀 수 있는 방안을 모색하고, 참여자 가운데 관련기록이 입증되지 못해 유공자로서 합당한 예우를 받지 못하는 사람들을 위한 대책도 함께 수립해야 할 것이다. 독립운동을 했던 인물이 유공자로 지정받지 못하는 경우, 이들이 사회주의자 또는 후손이 없거나 후손이 있더라도 직접 나서지 않는 경우가 대부분이기 때문이다.

[자료] 송진우 선생과 15인회, 정읍 박지선(71세)

우리 집은 대대로 태인에서 농사짓고 살아왔다. 내 나이 스물일곱 나던 해 2월에 고종황제高宗皇帝가 돌아가셨다. 3·1운동 직전 북간도를 거점으로 활약하던, 조선독립군의 연락원인 박동길朴東喆 씨를 따라 친구 김현곤金炫坤, 송수연宋洙連과 함께 나는 국상國

喪에 참여하러 서울로 올라갔었다. 서울에서 김성수金性洙, 송진우宋鎭禹 선생을 만나 뵐 기회가 있었는데 그때 송진우 선생께서 이런 말씀을 하셨다.

"이러고 있을 때가 아닙니다. 빨리 고향으로 내려가 나랏일을 하시오."

이것은 3·1운동의 거사擧事를 넌지시 시사示唆하시는 말씀이었다. 우리 고장에서도 궐기할 것과 그 사전운동事前運動을 우리가 맡아 해달라는 부탁이었다. 뒤이어 우리는 여러 사람을 만났고 서울에서 인쇄한 태극기와 독립선언서 수천 장을 박아 굴 궤짝에 꾸려서 서울역에서 기차 편으로 부친 다음 몸만 먼저 내려와 정읍역에서 이 수하물을 찾아가지고 고향인 태인으로 들어왔다.

김현곤·송수연, 그리고 나와 또 한 사람의 동지인 송한용宋漢鏞 등 넷은 의논 끝에 항일독립만세운동을 목적으로 한 「십오인회十五人會」를 조직했는데, 그 명단은 김현곤(회장), 송한용, 송진상, 오석흥, 송영근, 김진호, 유치도, 김순곤, 송덕봉, 김진근, 백복산, 김용안, 최민식, 김부곤, 그리고 나까지 열다섯사람이었다. 지금은 이 중 열세 사람이 다 작고作故했고 송한용宋漢鏞 씨도 3·1운동 전까지는 물려받은 토지도 있고 해서 농사도 많이 짓고 있었다. 당시 3·1운동 직전에 만주 북간도를 거점으로 활약하던 조선독립군의 연락원이었던 박동길朴東喆이란 이가 있어서 우리를 도와주었다.

우리가 「십오인회」를 조직하면서부터 거사에 들어가기 전까지는 한 오십여 명 되는 동네 사람들이 늘 김달곤金達坤 씨의 집에 모여 놀았는데 거사모의도 그 집에서 했다. 그리고 우리 「십오인회원」들은 밤마다 각 촌락을 돌아다니면서 농민들에게까지 연락을 취하여 음력 2월 보름날 일제히 봉기할 수 있게 하였다. 거사 며칠 전부터 당시 군청 서기로 있던 회장 김현곤 씨가 군청에서 인쇄기를 훔쳐 내어 송한용 씨 집에서 태극기와 독립선언서를 수천 장 찍어 냈지만 그래도 모자랐다. 나는 그때 총무 책임을 맡아 각 지방 동지들에게 인쇄물을 전달하는 한편 일본헌병들의 동태를 파악하기에 힘썼다.

음력 2월 15일은 태인 장날이었다. 미리 연락 조직된 각 부락 농민들과 장꾼들 수천 명이 태인 장터에 모여들었다. 우리 열다섯 사람은 3조로 나누어 교대로 장터 군중 속으로 뛰어 들어가 큰 소리로 독립선언서 낭독하고 태극기를 나누어 주었다. 수천 명 군중은 양손에 태극기를 높이 들고 대한독립만세를 부르짖으며 거리로 몰려나와 요새 말로 시위행진을 했다. 일본헌병들은 이 돌발적인 사태에 너무나 놀랐던지 주재소駐在所 문밖에도 나오지 못하고 안에서 공포空砲만 쏘아댔다. 그래서 우리 만세군중은 이리 몰리고 저리 몰려가며 함성을 지르면서 주재소 앞에까지 당도했다. 헌병들이 들어 있는 주재소를 때려 부수고 싶었지만, 워낙 총질이 심한 통에 정면충돌은 피할 수밖에 없었다.

날이 어두워지자 우리는 태인읍을 둘러싸고 있는 사방의 산에 올라가 봉화를 올리고 밤새껏 목이 쉬도록 대한독립만세를 불렀고 "왜놈들아, 물러가라"고 외치면서 석유를 뿌린 솜방망이에 불을 붙여서는 주재소 안으로 던지기도 했다.

다음날 새벽 수백 명이나 밀어닥친 일본증원병日本增援兵들에게 우리는 전원 꼼짝없이 체포되었다. 우리 열다섯 사람은 물론이고 많은 농민도 개처럼 끌려갔고 뒤이어 정읍군 전역에는 체포 선풍이 일어났다.

체포된 후 나는 다른 동지들보다 유독 더 심한 고문을 당했다. 내가 총무 직책을 맡았다는 이유로 일본헌병들은 내게 각처의 조직 및 연락 맡은 사람들의 이름을 대라는 것이었다. 나는 죽기를 각오하고 그들의 이름을 입 밖에 내지 않았다. 놈들은 내 두 손바닥에 일주일 동안이나 못을 박아 두었는데, 그 흉터가 지금도 그대로 남아 있다. 다음에는 손가락 끝에 대竹심지질을 하고, 심지어는 성기性器에 못을 박아 넣기까지 했다. 후로 나는 자손을 볼 수 있는 능력이 없어졌다. 모진 목숨은 그래도 죽지 않아 군산형무소에서 1년간 징역을 살고 나왔다.

그때 같이 잡혔다가 지금까지 살아 있는 송한용 씨도 일본헌병놈들에게 말로 표현할 수 없는 고문을 당해 몇 번이나 까무러쳤는지 모르며, 손바닥에 못을 박거나 손가락을 불로 지지는 고문을 당한 것도 나와 같았으며, 그래서 그는 지금도 비가 오려고 날이 흐려지면 전신이 쑤신다고 한다. 그는 6개월간이나 정읍헌병대 유치장에 있다가 징역 1년 선고를 받고 역시 군산형무소에서 형기를 마쳤다.

다른 동지들도 최저 6개월 내지 최고 1년 6월까지의 선고를 받아 각각 징역을 살고 나왔다. 징역을 살고 나와서도 우리는 조금도 후회하지 않았으며 기회만 있으면 또 할 생각이었다.

형무소에서 나와 보니 내 아내는 뺨을 얼마나 맞았는지 이가 다 빠져 버렸다. 나도 손이 병신이 된데다 성불능자性不具者가 되어 형무소에서 나온 후로 아내는 애기를 못 낳는 것을 퍽 애석해했다. 기미년己未年 전에 난 아들 맹猛은 6·25 당시 일선一線에서 전사戰死

했다. 송한용 씨 부인도 일본헌병놈들한테 참혹하게 얻어맞아 골병이 들어 늘 병석病席에 계시다가 해방解放이 되자 이내 별세別世했다.

우리는 집에 돌아와서도 요시찰인명부要視察人名簿에 올라 단 십리十里도 마음대로 출입할 수가 없게 되었다. 만일 신고를 안 하고 출입을 하는 경우에는 당장에 곤장을 맞았다. 이때 상해임시정부에서 국창현鞠昌鉉이란 분이 극비밀리에 군자금軍資金을 모아 보내는 일을 우리 평생의 업業으로 삼기로 작정하였다. 나는 국창현 씨를 뒷산에 숨겨 두고 끼니때는 밥을 몰래 날라다 주었다. 송한용 씨랑 같이 밤마다 돌아다니면서 칠천 원 돈을 거두어주고 그가 떠날 때는 회장 김현곤 씨와 함께 의주까지 호송해주었다. 당시에는 가끔 한밤중에 마치 걸인乞人같은 모습으로 우리를 찾아오는 상해임시정부 연락원이 있었는데 우리는 태인 금구, 정읍, 영원 고부, 줄포, 무장 등으로 재산 있는 동지들을 찾아 군자금을 모아 보냈었다. 이 중 영원면의 라홍균羅鴻均 씨는 한 번에 일천 원이라는 큰돈을 희사한 적도 있었다.

라홍균 씨는 당시 팔천 석을 추수하는 부호富豪로서 그의 동생 라용균(현 국회부의장) 씨가 임시정부의 전북대위원으로 있어 그렇기도 했겠지만 송진우 선생의 소개로 여러 차례에 걸쳐 전주와 인천에 있던 미국 천주교인 편에 십만 원 이상이나 군자금을 보냈었다 한다. 그는 군자금을 계속 보내기 위해서 「선만물산주식회사鮮滿物産株式會社」라는 회사조직을 발기發起하다 일본헌병에게 체포되어 10여 일간 유치留置되어 있었다. 그러나 왜놈들은 그에게 동생과의 연락 유무만을 조사했을 뿐 그가 아무리 조선인이라 할지라도 부자이기 때문에 별 체형體刑은 가하지 못했다. 그들은 그만큼 「부富」를 숭배했던 것이다.

우리는 이 밖에도 정읍의 이익겸李益謙, 박환규朴漢奎 씨에게서도 많은 군자금을 얻어 내었다. 국창현 씨를 의주까지 호송하고 난 후, 나는 함북 아오지에 머물러 김수환金洙桓이라는 동지를 만나 역시 군자금을 모금해서 주었는데, 이 군자금이 이청천李青天 장군에게 전달되었다는 소식이 왔을 때는 한없이 기뻤다.

— 출처:『신동아』1965년 3월호

청산해야 할 정읍지역의 왜색지명

지명연구는 전문영역에 속하는 학문이다. 그럼에도 불구하고 단순지명에 함몰되어 자의적인 해석과 억측에 불과한 이야기를 공공연한 석상에서 주장하고 있는 현실이 매우 우려스럽다. 지명을 깊이 있게 공부하다 보면 지명이 역사학의 보조학문이 아닌 엄연한 하나의 학문 영역임을 깨닫게 된다.

지명 연구의 필요성과 연구방법

지명은 그것을 나타낼 문자의 창제가 너무 늦었기 때문에 비록 기록 시기는 뒤질지라도 발생 시기는 우리 역사가 시작되는 단계부터였을 것이다.

우선 지명의 기원, 변천, 발생 등을 분석하려면 언어학적인 방법으로 접근해야 한다. 따라서 학계에서는 국어음운론의 지식이 있으면서 한국사에 폭넓은 지식이 있는 국어사학자가 연구하는 것이 바람직하다고 보고 있다.

결코 가볍게 접근할 대상이 아니다. 그럼에도 지명을 자의적으로 해석하고, 언어학적인 방법이나 해석이 아닌 구전되는 이야기에만 의존하는 경우가 너무나 많다. 지명의 경우, 구전이 기록될 만한 가치가 없는 것은 아니나, 그렇다고 전적으로 구전에만 의존해서는 학문적인 성과를 이루기 어렵다.

네 차례에 걸친 지명 변경과 일제의 행정구역 개편

우리 역사에서 네 번에 걸친 지명 변경이 있었다. 첫 번째는 757년 신라 경덕왕(景德王) 때 순수 우리말 지명이 한자로 바뀌었고, 두 번째는 1392년 조선이 건국되면서 고려시대 귀족들이 살던 곳의 지명이 바뀌었다. 세 번째는 1914년 일제의 대대적인 행정구역 개편으로 지명이 변경되었다. 앞서 두 차례의 지명 변경은 부분적이었지만, 일제강점기 지명 변경은 전면적으로 이루어졌다는 차이가 있다. 네 번째는 2014년 도로명 주소가 전면 시행되면서 마을 이름이 사라지게 되었다. 도로명 주소의 전면 시행은 일제의 지명 변경 100년 뒤라는 의의가 있을 수 있고, 이용하기에 편리해졌다는 이점이 있다. 하지만 정착되는 데 앞으로 오랜 시간이 걸릴 것이라는 점과 마을과 아무런 상관이 없는 도로명이 많다는 점, 특히 마을의 역사가 사라졌다는 점에서는 아쉬운 측면이 있다. 도로명 주소 사용으로 마을 이름이 사라졌지만, 이는 문서상 이야기고, 실제는 마을 이름을 여전히 쓰고 있다는 점에서 마을 유래를 기록으로 남기는 작업을 서둘러야 한다. 특히 일제강점기의 지명 변경은 민족문화 말살정책이라는 측면에서 조직적으로 진행되었기 때문에 일제 잔재 지명을 조사하고, 왜색 지명으로 규명된 경우는 늦더라도 원래의 이름을 되찾아야 할 것이다.

행정에서 우리 지역에는 왜색지명이 없을 뿐만 아니라 지명을 연구하는 학자도 없다고 단정하면서 일하지 않는 것은 일종의 직무유기이다. 군이 사례를 든다면 무명동학농민군위령탑이 세워진 고부면 신중리 주산마을을 대뫼마을로 이름을 바꾸고, 500년 전통의 향약마을 삼리를 원래 이름인 남전으로 바꾼 것은 시민이 다 아는 일이다.

왜색 지명의 사례

지면관계상 한 가지만 더 소개하려고 한다. 정읍시 옹동면의 대칠(大七) 마을은 속칭 '오빠꿀'이라 부른다. 원래 칠감이나 접착제로 쓰이는 '옻'이 많이 나는 곳이라 하여 붙여진 지명으로, '옻밭골'이 '오빠꿀'로 전음된 것이다. 따라서 옻밭은 '옻 칠'자의 칠전(漆田)으로 한자 표기해야 하며, 마을 이름도 그렇게 불러야 함에도 일제강점기 큰 동네, 작은 동네라는 뜻으로 대칠, 소칠로 바꾼 것이다. 지명 자료인 『호구총수』와 『구한국지방행정구역명칭일람』에는 태인 동촌면에 칠전리(漆田里)로 표기되어 있으나 1914년 일제가 행정구역을 개편하면서 노탄리(蘆灘里)와 함께 산성리(山城里)에 포함시켰다.

문화훈장을 받은 빨치산 토벌대장,
차일혁 경무관 이야기

빨치산, 젊은이들에겐 다소 생소한 용어로 들릴지 모른다. 보통 서구사
회에서는 게릴라(Guerrilla), 코만도(Commando), 레인저(Ranger), 스페셜 포스
(Special Forces)와 같은 개념으로 '비정규군'을 뜻하는 말로 통용되고 있다.
우리 역사에서 빨치산이라고 하면 6·25전쟁 전후에 지리산 일대를 근거지
로 삼아 활동하던 공비를 뜻한다.

6·25전쟁과 차일혁 경무관의 칠보발전소 탈환작전

칠보발전소는 최근까지 '섬진강 수력발전소'라 불리다 지역의 명칭 찾기
운동으로 2018년부터 다시 '한국수력원자력㈜ 칠보수력발전소'로 명칭을
바꾸었다. 1940년 남선전기주식회사에서 착공했으나 제2차 세계대전의 영
향으로 전체 공사의 약 60%의 공정을 보이다 6·25전쟁이 발발하면서 북
한군이 점령하였다. 북한군은 유엔군의 폭격에 대비해 발전기를 해체, 운반
하던 중 유엔군의 폭격으로 다수의 시설이 파손되었다. 1950년 12월 복구
공사를 착수하여 지금은 3호기가 가동 중이다.

차일혁 부대가 칠보발전소 탈환작전을 명령받은 것은 1951년 1월 13일

이었다. 50일간에 걸친 작전 끝에 경찰병력 75명으로 빨치산 2,500명을 물리치고 그 안에 갇혀 있던 전투경찰 175명을 구출했다. 아울러 독고봉에서 활동하던 빨치산 부대인 '기포병단', 산내면 능교리 뒷산에 본거지를 둔 '카추사병단'과 '번개병단'을 소탕하였다. 이렇게 국가시설 제1급인 칠보수력발전소를 지켜냄으로써 남한 일대에 전기송전이 가능하게 되었다.

탈환작전은 지금 옹동양조장 근처에 있던 옹동지서를 접수한 뒤 옹동에서 칠보로 가는 중간 지점인 길 모퉁이 갈미에서 4대의 차량이 1대씩 전조등을 켠 채 출발한 다음 빨치산들이 잘 보이지 않는 모퉁이에서 전조등을 끈 후 다시 원래의 지점으로 돌아오는 '기만전술'을 편 것이다. 대병력이 공격해오는 걸로 오인한 빨치산들은 당황하여 포위를 풀고 인근 고지로 올라가기 시작했다. 이 틈을 타 칠보지서로 돌진, 의용경찰과 학도병 300명과 합류하여 발전소를 탈환하게 된 것이다. 칠보발전소 탈환작전에서 차일혁 부대는 적 사살 68명을 비롯하여 M1 소총 3정, 소련식 장총 2정, 수류탄 5발, 실탄 600발을 획득하는 전과를 올렸다.

차일혁은 전술한 바와 같이 75명의 병력으로 칠보수력발전소에 주둔하고 있던 인민군 2,500명을 물리치는 기적 같은 전투를 벌인 인물이다. 칠보발전소 탈환작전에 희생된 65명의 명단이 현재 충혼탑에 새겨 있으나, 이는 차일혁이 지휘하는 제18전투경찰대대의 입장에서 볼 때는 승전탑으로도 볼 수 있는 기념물이다.

칠보충혼탑은 전국 경찰역사순례길 41곳에 포함되어 있다. 경찰역사순례길이란 전국의 대표적인 경찰역사 유적지 41개소를 방문하여 민주 인권 등 경찰관에게 가장 중요한 핵심가치를 체험케 하고 참된 경찰정신을 함양할 수 있도록 경찰청에서 개발한 코스이다.

차일혁 경무관의 내장사 탈환작전

1951년 4월 10일 차일혁(1920~1958) 경감은 빨치산 세력이 득세하고 있던 정읍으로 출동 명령을 받았다. 정읍은 전북에서도 으뜸가는 곡창지대이며 물산이 풍부한 지역이지만 좌우 대립이 심각해지면서 민심이 흉흉해져 있었다. 정읍은 낮에는 대한민국, 밤에는 인민공화국이라 할 정도로 빨치산들의 세력이 만만치 않은 곳이었다.

특히 내장산 아랫마을 월영의 솔티숲은 빨치산 본거지이기도 했다. 솔티숲은 이들의 보급로로 습지가 있는 봉우리에서 망을 보다가 국군이 온다는 신호를 하면 빨치산들이 이곳으로 숨어들었다. 이 길을 통해 회문산과 지리산, 김제, 고창, 정읍, 부안까지 약탈을 했고, 반역자로 몰린 사람들을 이곳에서 인민재판으로 처형하기도 했다.

정읍은 6·25전쟁 이전인 미군정 시절부터 '야산대(野山隊)'라 하여 공비들의 출몰이 끊이지 않았다. 이들은 전쟁 초기에 미처 피난가지 못한 손예환 정읍경찰서장의 목을 잘라 경찰서 출입문에 걸어놓는 만행을 저질렀으며, 국군의 진주로 후퇴할 때는 경찰서 유치장과 다른 건물에 우익 인사를 가둬놓은 채 휘발유를 뿌리고 불을 질러 4백여 명을 죽였다. 전년도에 고창과 더불어 가장 늦게 10월말이 되어서야 수복되었으나 여전히 치안이 불안한 지역이었다.

정읍에 도착한 차일혁 부대는 정읍여중에 지휘소를 설치하였다. 차일혁 부대의 가장 큰 임무는 국군8사단의 작전 지역인 순창과 담양의 경계지역인 가마골로 빨치산을 몰아넣는 것이었으나 그것이 여의치 않자 내장산, 입암산, 백암산을 중점적으로 수색하면서 빨치산을 밀어붙이기로 했다. 4월 13일 저녁 내장산 골짜기로 잠입했다. 내장산에 숨어 있는 빨치산의 총

정읍 솔티마을 내 빨치산 근거지

인원은 알 수 없었으나, 여승 30여 명이 남아 있었다. 차일혁은 "내장사를 공격하는 중대는 절대 절을 손상시켜서는 안 된다. 놈들을 밖으로 유인해서 사살하라. 특히 스님들의 안전에 만전을 기하라"고 특별히 지시했다. 하지만 대웅전에서 빠져나올 생각을 않는 빨치산들에게 겁을 주기 위해 지른 불이 오히려 화마가 되어 절은 순식간에 불에 타버렸다.

　결과적으로 내장사는 보호하지 못했지만, 소각될 위기에 처한 쌍계사(雙溪寺)·천은사(泉隱寺)·선운사(禪雲寺) 등의 고찰을 전쟁 중에 보호함으로써 차일혁은 '문화경찰'이라는 칭호를 얻게 되었다. 그가 남긴 어록 또한 지금도 회자되고 있다. "절을 태우는 데 한나절이면 족하지만 절을 세우는 데는 천년 이상의 세월이 걸릴 수도 있다", "문화를 잃는 것은 우리의 마음을 잃는 것이고, 우리의 마음을 잃는 것은 나라를 잃는 것"이라고도 했다. 그

누구보다도 역사와 문화를 사랑했던 사람이다.

차일혁 경무관에 대한 역사적 평가

차일혁 연구자인 남정옥 박사는 차일혁 경무관에 대한 평가를 다음과 같이 내렸다. 그는 6·25전쟁 영웅이자 호국의 인물, 대한민국을 수호한 자유수호자 18인, 전투를 가장 잘한 빨치산 토벌대장, 대한민국 후방을 안정시킨 전투경찰, 문화훈장을 받은 유일한 경찰이었다. 그가 받은 훈장, 포장, 종군기장을 합치면 모두 11개가 된다. 모두 빨치산 토벌과 관련되어 받은 칭호와 훈장이다.

차일혁 경무관은 2014년 9월 '이 달의 호국인물'로 선정되었고, 2017년 9월 29일 전북서부보훈지청의 주최로 내장산 문화광장 내에 그를 추모하는 흉상이 세워졌다. 유족 대표로 차길진 전 넥슨 히어로 구단주를 비롯

내장산 문화광장 내 차일혁 경무관 흉상

한, 표창원 국회의원, 경찰청과 정·관계 인사, 이강안 광복회 전북지부장, 전북지역 보훈단체, 유족대표, 정읍시민, ㈔차일혁기념사업회 황을문 이사장과 ㈔월곡차경석독립운동기념사업회 이훈상 이사장 등 400여 명이 자리를 함께 하였다. 필자는 사단법인 노령역사문화연구원 이사장인 안후상 박사와 함께 참여하였다.

정읍사 망부석, 북면 '월봉산'에 있었다

　정읍사 망부석의 위치에 대한 논란이 한마디로 점입가경이다. 그간 망부석의 위치로 비정(比定)되었던 곳은 속칭 '서낭당재'라 불리는 아양동 고개와 농소동 부례(夫禮) 마을의 여시바우, 그리고 교동(校洞)에서 송산(松山)으로 넘어가는 고개인 과교동의 부사치(浮蛇峙), 수성동의 괴바라기, 북면 승부리의 월봉산 등이었다. 여기에 더해 4~5년 전부터 덕천면 천곡(샘실) 마을이 백제 때 우리 정읍의 치소(治所)가 있던 정촌(井村)이라는 주장이 꾸준히 제기되었다. 중앙대학교 송화섭 교수가 주장하는 이 같은 '천곡마을설'은 정읍의 역사가 정해마을이 아닌 덕천 천곡에서 시작된 것으로 본 것이다. 최근에는 1682년경(숙종10)에 제작된 것으로 추정되는 고지도 「동여비고(東輿備攷)」에 망부석이 두승산에 표기되어 있어 정읍사 망부석은 고부에 있었다는 주장이 논증 없이 한 달 가까이 언론에 보도되었다. 한편에서는 문학적인 측면에서 장소를 특정할 수 없다는 주장도 나왔다.

　그런데 거의 모든 주장이 단순 구전과 추정에 불과한 것들이고, 그나마 논문으로 발표된 것은 필자의 월봉산설과 덕천의 천곡마을설 등 두 편에 불과하다. 여기서는 논문 이외 형태의 단순 주장은 일단 논의의 대상에서

배제한다.

필자는 이미 20년 전에 정읍사 망부석의 위치를 북면(北面) 월붕산(月朋山)으로 비정한 바 있다. 세간에서는 그동안 이에 대한 반론이 없다가 왜 갑자기 이런 문제가 최근에 와서야 불거지는지 의심의 눈초리를 거두지 않고 있다. 거기에는 그만한 이유가 있다고 보기 때문이다.

하지만 새롭게 제기된 내용이 설득력이 있는 것이 아니다. 논문으로 발표되었으나, 1차 사료(史料)에 근거하지 않은 주장일 뿐만 아니라 사료비판을 거치지 않은 그 주장과 해석이 너무 자의적이기 때문이다. 그렇기 때문에 발표된 논문은 논문으로 보기 어려울 정도의 심각한 오류가 발견된다. 따라서 반론이 제기되었으면 여기에 상응하는 답을 내놓으면 될 일이다. 그래야 설득력이 있다. 그것이 토론이고 논쟁이다. 그럼에도 불구하고 비판과 반론에 대해서는 아무 것도 제시하지 못하면서 거의 인신공격에 가까운 비방을 하는 것은 학자가 취해야 할 자세가 아니다.

관련해서 프랑스의 철학자이자 계몽사상가인 볼테르(Voltaire, 1694~1778)가 아주 의미심장한 말을 남겼다. "사람들은 할 말이 없으면 욕을 한다. 논리로 상대를 이길 수 없을 것 같을 때 욕이라도 해서 상황을 모면해 보려고 하기 때문이다. 이로써 자신은 심리적인 해방감을 느낀다." 공자의 제자 중에 안회(顔回)라는 이가 있었다. 공자는 이 제자를 두고 학문을 좋아하며, 노여움을 옮기지 않았으며, 허물을 두 번 하지 않았다고 평했다.

자신의 주장이 잘못되었다고 인정하는 게 쉽진 않을 것이다. 하지만 인정하지 않고 오히려 상대를 공격하여 두 번의 잘못을 저지르게 되면 두고두고 자신에게 족쇄가 될 것이다. 감정을 빼고 정말 논리로 대응할 수는 없었는지 아쉬운 측면이 한두 가지가 아니다. 그래서 옛사람들이 학덕이 있다 해서 무조건 선비라 하지 않은 것이다. 교양과 품격과 지조 등을 갖추지 못하면 선비로 인정하지 않은 것이다.

학문이란 게 그럴듯한 말로 포장하고 상대를 비난하면서 우긴다고 해서 될 일이 아니다. 여기에 북면 '월봉산'이 왜 망부석의 위치인지를 사료를 통해서 다시 입증하려고 한다. 우선 앞선 주장이 사료에 근거하지 않았을 뿐만 아니라 사료비판이 없는 만큼 역사연구의 기본이라 할 수 있는 사료에 대한 인식과 분석에 대한 문제를 짚고 넘어가고자 한다.

왜 사료비판이 필요한가

대한민국 고등학교 학생이라면 역사학습의 목적과 사료(史料)의 가치, 그리고 그 가치를 어떻게 판단해야 하는가에 대해 반드시 공부하게 되어 있다. 그것도 한국사 첫 시간에. 이것이 역사연구의 기본이기 때문이다. 이해를 돕기 위해 한국사 교과서에 실려 있는 내용을 축약해서 여기에 그대로 옮긴다.

역사가는 사료에 의해서 사실을 인식하고 판단한다. 따라서 사료의 탐사, 수집, 정리, 해석(분석) 등 일련의 과정은 역사연구의 출발점이라 해도 과언이 아니다. 역사연구 방법론은 일반적으로 사료학과 사료비판으로 나눌 수 있다. 사료학은 사료의 수집과 정리 및 분류를 그 내용으로 하며, 사료비판은 사료가 신뢰할만한 것인지 구별하는 것을 말한다. 사료비판은 사료의 진위(眞僞) 여부, 원사료에 대한 타인의 첨가 여부, 필사(筆寫)의 경우 필사과정에서 오류 등을 가리는 외적비판과 사료의 내용이 과연 신뢰할 만한 것인가를 분석하고, 사료의 성격을 밝히는 내적비판으로 나눈다. 사료의 내적비판은 연구자가 행하는 것이다. 사료에 기록되어 있는 내용이 반드시 역사적 진실이라고 할 수 없기 때문이다.

정읍사 망부석 관련 사료

정읍사 작사 배경이 되는 지역에 관한 사료는 고려 인종(1145) 때 나온 『삼국사기(三國史記)』, 조선 중종(1530) 때 발행된 『신증동국여지승람(新增東國輿地勝覽)』, 정조13년(1789)에 발행된 최초의 땅 이름에 관한 책인 『호구총수(戶口總數)』, 조선 후기에 나온 『정읍현 읍지』와 『정읍현 지도』, 국립지리원에서 제작한 「정읍지형도」, 육당(六堂) 최남선(崔南善)이 1925년 3월 28일부터 50일간 호남지역 일대를 여행하면서 쓴 『심춘순례(尋春巡禮)』, 그리고 장봉선이 1936년에 쓴 『정읍군지(井邑郡誌)』, 마지막으로 1959년에 나온 『고장생활』(정읍편) 등이 기본 사료이다.

『신증동국여지승람』의 '재현북십리(在縣北十里)'에 대한 분석

현재 정읍사 망부석에 관한 조선시대 이전 자료가 없다. 다만 『신증동국여지승람』에 망부석이 "현북십리에 있다"는 기록(在縣北十里)이 유일할 뿐이다. 따라서 망부석의 위치는 이 기록을 바탕으로 세 가지 측면에서 살펴보면 될 일이다.

먼저, 현청(관아)이 어디에 있었는지부터 밝혀야 할 것이고 둘째, 북쪽 10리 지점이 지금의 어디인가 하는 문제와 셋째, 조선시대의 10리가 과연 지금의 10리인 4km와 같은 것인가를 따져 볼 필요가 있다.

첫째, 『동국여지승람』이 조선시대 각 군현에서 수집해서 중앙정부에 올린 만큼 지금의 백제 때 정해마을이 아닌 조선시대 관아가 있던 현 정읍시 장명동사무소를 기준으로 북쪽 10리를 살펴봐야 하는 것은 상식에 가까운 일이다. 여기에 연구자들의 이견이 없다. 실제로 『동국여지승람』은 모든 지명이 현 장명동사무소를 중심으로 거리표시가 되어 있다. 예컨대 지금의 성황산은 응산(鷹山)으로 현의 북쪽 1리에 있다고 기록되어 있다. 성황산은 정읍의 주산(主山, 鎭山)으로 이곳에 현청과 향교가 있다. 가까운 고부와 태인, 칠보, 산외, 인접 지역인 흥덕과 고창, 부안과 김제가 모두 그렇다. 이와 같이 고려와 조선시대의 현청이나 군청은 모두 고을의 주산(성황산)에 있었다.

그럼 북쪽을 지금의 어디로 봐야 하는가? 그 해답이 바로 정조 때 발행된 『호구총수』(1789)에 있다. 북면은 말 그대로 정읍의 북쪽에 있기 때문에 붙여진 지명이다. 금곡 맞은편 승부마을은 『호구총수』에 북일면으로, 말고개 너머 마을인 용호동은 북이면으로 되어 있고, 남쪽 정해마을은 남일면으로, 입암면 대흥리는 남이면으로 되어 있다. 시내에 있는 남산과 남산동도 관아의 남쪽에 있어 붙여진 지명이다. 이와 같이 군현의 치소를 중심으로 관할구역을 동·서·남·북으로 나누는 것은 이미 부여(扶餘)의 사출도에서부터 해오던 방식이었다. 그렇다면 망부석의 위치를 북면 쪽에서 살피는 것 역시 상식에 가까운 일이라 할 수 있다. 북면은 『호구총수』가 발간된 조선 후기 이후 그리고 대한제국시대에도 일제강점기에도 그 명칭이 변하지 않고 오늘날까지 이어지고 있다는 점도 설득력을 더한다. 어떻게 정읍의 북서쪽에 있는 덕천 천곡마을을 북쪽으로 주장할 수 있는가.

다음은 10리라는 거리가 지금 북면의 어디쯤에 해당되는지 살펴야 할 일이다. 조선시대 1리는 제도상 420m였고, 실제로는 470m였다. 15세기에는 10리가 5.4km였다고 보는 견해도 있다. 그런데 『대동여지도』에는 10리가 5.6km를 기준으로 작성되어 있다. 그렇다면 그 중간치를 잡아도 10리는 약 5km 정도가 된다. 이런 걸 따지지 않고 단순히 정읍장이 10리 떨어져 있다는 구전을 근거로 천곡을 비정하는 것은 터무니없는 주장이다. 그런 식의 주장이라면 10리 떨어진 곳이 어찌 천곡만 있겠는가. 따라서 정읍사 망부석은 장명동사무소에서 북쪽으로 10리, 즉 5㎞ 지점이 그 위치로 비정될 수 있을 것이다. 당시 정읍현청으로 들어오는 길은 북면과 수성동, 잔다리목을 거쳐 장명동사무소로 이어지는 거리였다. 조선후기 지도에도 똑같이 나타나 있다. 그러면 우리가 알고 있는 10리가 4㎞라는 인식은 언제 형성된 것인가. 우리나라가 '미터법'을 공포한 것은 1902년으로 일본에서 1리가 392m인 것을 그대로 따온 것이었다. 따라서 이러한 인식은 일제강점기에 형성된 것이지 조선시대에 형성된 것이 아니라는 사실을 알아야 한다.

이 세 가지 조건에는 위치 규명을 위해 하나 전제되어야 할 것이 있다. 정읍사는 한글로 된 현존 최고의 백제가요인 만큼 가사에 한자를 붙여 '全져재'(지금까지 전주시장으로 해석했다)로 읽어서는 안 된다는 점이다. 붙일 경우, '全'자 하나만 원문에 한자가 포함되기 때문이다. 이렇게 한자와 한글을 조합해서 쓰는 것이 부자연스러울 뿐만 아니라 실제 그런 사용례가 있다면 그 사례를 적시해야 할 것이다. 따라서 곡조명을 '후강'이 아니라 '전(全)'을 붙여서 '후강전(後腔全)'으로 봐야 한다는 견해에 동의한다. '져재'는 행상나간 남편이 날이 저물도록 돌아오지 않았다고 했으니 시장으로 보는 것이 적절한 해석이 될 것이다.

망부석의 위치가 북면 월붕산임을 뒷받침하는 사료

장봉선이 1936년에 쓴 『정읍군지』에 "망부석은 북면과 정우면의 경계지점 일등도로변에 있다"고 되어 있다. 『신증동국여지승람』에서는 망부석의 위치를 '세전'(世傳登岾望夫石)이라 표현했으니, '세전'은 기록자 자신이 직접 답사해서 쓴 것이 아니고 들은 대로 구전된 것을 적었다는 이야기다. 그런데 1959년에 나온 『고장생활』 정읍편에서는 앞선 기록의 내용이 아닌 실제 충실한 조사가 이뤄졌던 것으로 보인다. 머리말에 "모두 현지를 답사하고 일일이 저명한 선생님들을 배알하고 쓴 책"이라고 강조하고 있기 때문이다. 여기서 흥미로운 것은 "북면과 정우면의 일등도로를 찾아가면 망부석이 서 있으니 이곳은 오랜 세월에도 남북으로 통하는 큰 길이었는데…"라고 표현함으로써 1959년까지도 망부석의 흔적을 찾아 볼 수 있다고 한 것이다. 분명 '남북'으로 통하는 대로였다고 했으며 '서' 있다고까지 표현했다.

필자는 이와 같은 자료를 바탕으로 일찍이 북면 승부리 금곡마을 뒷산에 있는 월봉산을 망부석의 위치로 비정하였다. 이곳이 정읍현청으로부터 북쪽 10리 지점이 되기 때문이다. 이를 뒷받침하는 사료가 바로 서울대학교 규장각에 소장되어 있는 『전라북도각군읍지』「정읍현지도」(규 10770/1896)이다. 여기에 승부마을이 속해 있는 북일면(北一面)이 북십리(北十里)라는 것과 이 길이 서울로 가는 큰 도로라는 뜻의 경대로(京大路)라는 표기를 명확히 해

「정읍현 지도」(1896/규 10770)

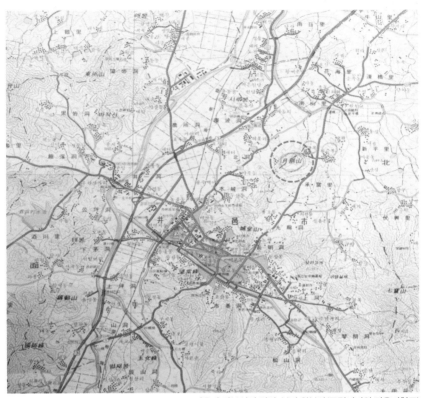

정읍사 망부석의 위치, 북면 월붕산(국립지리원 정읍지형도)

놓았기 때문이다.

월붕산(月朋山)은 직역하면 '달을 벗 삼았다(달벗산, 달벗뫼)'는 뜻이다. 금곡마을 맞은편 승부(承富) 마을은 부덕(婦德)을 이은[承] 고장으로, 앞으로 부자[富]가 되라는 해석으로도 가능하다. 아마도 행상나간 남편이 물건을 팔러 간 곳은 대산장(태산, 지금 칠보)이었을 것이다. 그렇게 보는 이유는 1925년에 최남선이 쓴 『심춘순례(尋春巡禮)』에도 망부석의 전설지를 '칠보산'으로 기술해 놓았기 때문이다(당시 「시대일보」에 연재된 내용). "…역전 작은 언덕에 올라보니 망부석의 전설지인 칠보산이 남쪽에 머리를 들고…"라는 구절이 바로 그것이다. 육당은 바로 이곳 칠보산을 고개로 본 것이다. 칠보산이 동쪽에 있어 보름달을 쉽게 볼 수 있는 위치에 있다는 점도 설득력을 더한다. 이는 일제강점기까지도 정읍사 작사 배경이 되는 곳이 고부나 전주가 아닌 태산의 칠보산 쪽이었음을 말해주는 대목이다.

신라 경덕왕(757) 때 정촌을 지금 이름 정읍으로 고치고 태산군의 영현으로 삼았다고 했듯이 백제 때의 대시산군은 통일신라에 와서도 태산군으로 명칭이 변경될 만큼 태산은 고부와는 별도로 조직된 당시의 행정과 군사 중심지였다. 또 당나라에 유학 갔던 최치원이 국내로 돌아와 맨 처음 태수로 부임한 곳이 태산이었을 정도로 국내에서 지명도가 높은 고장이었다. 한마디로 대산은 당시 정읍보다 큰 고을이었다.

연구자들이 가장 주의하고 경계해야 할 일

연구자들이 가장 주의해야 할 일이 하나 있다. 자신의 생각만으로 자신만의 프레임을 짠 뒤에 여기에 맞는 자료들만 찾아서 꿰어 맞추려는 자세이다. 이는 학문하는 사람들이 가장 경계해야 할 일이다. 사료에 근거하지 않을 뿐만 아니라 자신의 프레임에 갇혀 상대방의 비판적인 이야기에 귀 기울이지 않고 자기가 본 것만, 자기가 생각한 것만 가지고 이야기하기 때문이다.

원로학자들은 이것이 학계의 고질적인 병폐라고 이미 지적한 바 있다. 또 바로 이 점이 전문연구자와 아마추어의 차이일 것이다. 만약에 이를 정말 모르고 한 것이라면 늦더라도 연구하는 방법론부터 다시 배워야 한다. 관점이 다르고 주의·주장이 다르더라도 논리와 논쟁을 통해서 더 나은 학문의 세계로 나아갈 수 있다는 마음가짐과 그러한 덕목을 갖는 것이야말로 학문하는 사람들이 반드시 갖추어야 할 기본자세이다. 논쟁을 통해서 서로 공부의 깊이를 더해 줄 수 있기 때문이다.

2000년 이후 여러 차례 언급하고 제안했다. 필자가 이미 사료로써 정읍사 망부석의 위치를 입증한 만큼 여기에 문제가 있다면 누가 됐든 어느 단체가 주관하든 전문연구자는 물론 지역의 역사학자, 역사문화단체, 관심 있는 모든 시민들이 참석한 가운데 정읍사 망부석의 위치 규명을 위한 시민대토론회를 주관했으면 한다. 필자의 주장이 잘못되었다는 합리적인 주장과 논거가 나온다면 언제든 수정하고 수용할 것이다. 결과가 어찌됐든 중앙이든 지방이든 자신이 있으면 토론장에 나오면 될 일이다.

지방자치제가 실시되면서 정읍의 역사문화 전반에 걸쳐 이상한 현상이 나타나고 있다. 관심을 갖고 연구하는 것은 좋으나 해당 분야에 대한 기본 소양조차 갖추지 못한 사람들이 근거 없는 자기주장만 되풀이하는 개탄(慨歎)스러운 풍토가 나타난 것이다.

정읍사(망부석)는 정읍을 구성하는 아주 중요한 문화요소임을 부정할 사람은 아무도 없다. 철학박사 강상원은 "인류 역사상 여인의 애틋한 마음을 '정읍사'보다 더 간결하고 간절하게 표현한 노래는 없다"고 단언했다. 전국 어디를 가든 정읍사의 고장이 정읍이라는 것을 모르는 사람은 없을 것이다. 교과서에 실릴 만큼 전 국민이 인식하고 있는 훌륭한 역사문화 자원이라는 것을 우리는 잊어서는 안 된다. 그렇기 때문에 잘못된 것이라면 바로 잡아야 한다. 특히 '천곡마을설'을 마치 행정에서 인정한 것처럼 이야기를 흘리는 것을 보면, 이제는 관련단체나 행정에서도 더 이상 침묵해서는 안 되며 또 그 책임을 방기해서도 안 될 것이다.

망부석 공원 조성을 위한 제언

이상으로 정읍사 망부석이 '월봉산'에 있었다는 사실을 사료로써 입증하였다. 입증이 된 만큼 이제는 북면 월봉산에 '망부석 공원'을 조성하고, 정읍사 공원에 있는 망부상을 옮기는 문제를 고민해야 한다. 월봉산은 더 친근한 우리말인 '달벗산' 또는 '달벗뫼'로 고치고, 말 그대로 달을 바라볼 수 있는 위치에 있는 만큼 주변에 노란 '달맞이꽃' 심기를 제안한다.

노란색은 중국에서는 황제의 색이자 오방색 중 중앙색이었으며, 역사적으로는 '황건적의 난'에서 머리에 두르던 두건의 색깔이었다. 이 색깔이 평등한 나라를 세우고자 했던 상징의 색이었다. 녹두꽃 또한 노란색이 아니던가. 따라서 노란색은 동학농민혁명의 발상지로도 연결되는 색이다.

덧붙여 북면에서 생산되는 북면막걸리를 망부석과 관련된 디자인으로 새롭게 하고 '정읍사막걸리'로 고쳐 부를 것을 제안한다. 막걸리병에 지역의 역사문화를 담자는 것이 필자의 의도이다. 막걸리는 반계급적·평등지향적·친서민적 술이다. 동학농민혁명의 발상지인 정읍에서 역사적 상징성과 함께 가장 애용되어야 할 술이기 때문이다. 그렇게 된다면 현 정읍사 공원은 시민을 위한 휴식처로 개방하거나 시내에서 접근성이 좋은 만큼 '역사문화공원'으로 조성하면 될 것이다.

고부 두승산에 정읍사 망부석이 절대 있을 수 없는 이유

고지도 『동여비고(東興備攷)』(1682)에 망부석이 두승산 아래쪽에 표기되어 있다는 것을 근거로, 일부에서는 그 위치를 고부에 있었을 것으로 보기도 한다. 하지만 『동여비고』는 정경흠이 1682년경(숙종10)에 제작한 지도로, 관찬서적인 『동국여지승람』(1481)보다 무려 200년 뒤에 만들어진 것이다. 이에 반해 『동국여지승람』은 왕명에 의해 전국 각 군현에서 해당 책임자를 임명하여 그 지역의 사정을 상세히 조사하여 조정에 보고한 관찬서적이다. 조정이 주관해서 책임자를 두고 편찬한 공식기록물과 개인이 앞선 기록을 참조해서 만든 사찬기록 중 어느 쪽이 더 정확도를 기한 것인지는 굳이 따지지 않아도 될 일이다.

『동여비고』의 제작자인 정경흠은 책 제목에서 알 수 있듯이 앞선 기록인 『동국여지승람』의 기록을 참고한 것으로 보인다. 그럼에도 불구하고 자신이 만든 지도에 망부석을 두승산 아래 쪽인 고부 지역에 표기한 것은 제작자가 앞선 기록을 꼼꼼히 살피지 않은 결과이다. 제작자는 아마도 두승산 아래쪽 망제봉에 있는 석불을 망부석으로 잘못 인식했을 것으로 보인다. 『동여비고』에 유독 전국의 사찰명이 많이 기록되어 있어 사찰과 관련이 있을 것으로 보기 때문이다. 이는 임진 병자 양란 때 승군(僧軍)의 활약이 두드러지자 숙종 때부터 불교의 위상이 높아지기 시작하면서 사찰의 중창이 활발히 이루어졌기 때문이다. 그렇지 않으면 두승산에 있는 망월사(望月寺)라는 사찰의 어떤 설화와 관련이 있을 것으로도 추정된다.

한편으로는『신증동국여지승람』고부편 열녀조에 기록된 내용과 어떤 연관이 있을 것이라는 추정도 가능하다. 조선시대 금이(今伊)라는 여인이 남편에게 쫓겨났으나 개가하지 않고 있다가 남편이 죽자 그 묘에서 비가 오나 눈이 오나 상복을 벗지 않았다는 기록이 있는 것으로 보아 이런 이야기가 오랫동안 구전되다가 변형되었을 가능성도 있기 때문이다.

고지도『동여비고』에 대한 사료 비판

역사란 책에 기록되었다고 해서 다 역사가 되는 것은 아니다. 고지도『동여비고』의 망부석 표기에 대해서는 상당한 사료비판이 가해진 이후에야 기록으로서 그 가치를 인정받을 수 있을 것이다. 적어도 정읍사 망부석에 대해서는 그렇다. 우선 눈에 띄는 것이 누가 봐도 고부보다 정읍이,

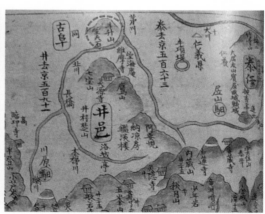

고지도 동여비고(1682), 경북대학교출판부 발행 영인본

홍덕보다 고창이 더 크고 상세하게 그려져 있다는 점에서 이 지도가 과연 1600년대 상황을 반영하는 지도인가 라는 의구심을 떨치기 어렵다. 또 고부는 정읍에 인접한 지역으로 '같을 동(同)'자를, 홍덕 역시 고창에 인접한 지역으로 '동(同)'자를 써 놓아 지금의 정읍과 고창 중심으로 되어 있다. 여기서 '같을 동(同)'자가 무엇을 의미하는지 구체적으로 알 수 없으나 아마도 고부와 정읍을 한 지역으로 본 것이 아닌가, 홍덕과 고창도 마찬가지다. 이는 제작자가 현지를 직접 답사하지 않고 『동국여지승람』을 읽고 그린 지도이기 때문이다.

정읍사 여인과 관련된 망부석은 고부가 아닌 정읍의 역사

지금이야 고부나 두승산이 정읍의 역사에 포함되지만 당시엔 정읍역사가 고부역사가 될 수 없고, 고부역사가 갑자기 정읍역사가 될 수 없는 일이다. 두승산은 분명 정읍이 아닌 고부 땅이다. 고부가 정읍에 편입된 것은 일제강점기 행정구역이 통폐합되던 1914년의 일이라는 것은 누구나 다 아는 사실이다. 1789년 정조 때 발간된 최초의 지명 자료인 『호구총수』에 천곡은 고부군 우덕면에 편제되어 있고, 1914년에 와서야 덕천면 망제리에 천곡으로 편제되어 비로소 정읍군 지역이 된 곳이다. 그러니 정읍사 여인을 고부에서 찾는다는 것은 어불성설이다. 억지주장을 한다고 해서 그것이 관철되는 것이 아니다. 아무리 생각해도 이해할 수 없는 일들이 연속으로 벌어지고 있다.

송화섭 교수는 천곡마을설이 설득력을 얻지 못하자 이제는 고지도 『동여비고』의 두승산에 망부석이라는 기록이 있는 것으로 보아 빼도 박도 못하게 되었다고 주장한다. 그는 2020년에 개최된 정읍사 망부석 학술대회에서 1872년에 편찬된 조선후기 정읍현 지도(奎10477)를 인용하였다. 이 지도에 두승산이 북서 방향에 위치하고 있다면서 북쪽 방향으로 농소자관팔리(農所自官八里)라는 기록에 주목하였다. 그러면서 농소리에서 망부석까지 북쪽으로 약 2리 정도 떨어져 있기 때문에 망부석은 농소동권에 있어야 한다고 주장하였다. 문제는 자신도 망부석의 위치를『동국여지승람』의 기록처럼 '재현북십리'가 팩트라고 주장하면서, 같은 논문에서 정읍의 북서쪽에 있는 두승산을 그 위치라고 주장하고 있는 것이다.『동국여지승람』의 '재현북십리'가 팩트라는 주장은 어디로 간 것인가. 사료비판 없는 그런 식의 논리라면 요즘 성행하는 가짜뉴스나 잘못된 기록은 훗날 역사가 되고도 남는 일이다. 후대에 역사학을 공부하고 연구해야 하는 이들이 벌써부터 걱정이다.

『동국여지승람』에 두승산은 고부군청으로부터 5리(在縣五里) 떨어져 있다고 되어 있다. 또 단순히 망부석이란 지명 하나로 정읍사 망부석이 그곳에 있었다고 주장하기엔 그 근거가 너무 부족하다. 정읍사 망부석이『동여비고』의 기록처럼 두승산에 있었다는 것을 인정받기 위해서는『동국여지승람』에 왜 정읍사와 관련된 이야기가 고부군 조가 아닌 정읍현 조에 실려 있는지 그 이유부터 밝혀야 한다. 필자는 아직까지 조선시대 이전자료가 없는 가운데『동여비고』보다 200년이나 앞선 기록인『동국여지승람』의 '재현북십리'라는 기록을 뛰어넘을 수 있는 사료는 없다고 보고 있다.

전국에는 망부석 관련 설화가 두루 분포되어 있으나, 정읍사 여인과 관련된 망부석 이야기는 고부가 아닌 이곳 정읍이라는 것은 명약관화(明若觀火)한 일이다. 단순히 고부 쪽에 망부석이 기록되어 있다는 이유 하나만으로, 그것도 정읍사 망부석이 아닌 망부석이라는 단순 표기만으로 위치를 특정 하는 것은 매우 위험한 일이다.

임실에 의견비가 있으나 그와 유사한 전설이 전국에 하나 둘이 아니다. 우리 정읍 구룡동에도 의오비(義獒碑)가 있다 해서 개비석의 원조라고 주장할 수 있는가. 아니다. 이는 임실 의견 이야기를 윤색한 것에 지나지 않는다. 사료비판을 거치지 않은 주장이나 논쟁이 아닌 헛된 주장을 반복해서 이야기해서는 안 된다.

참고로 『동여비고』는 『동국여지승람』에서 따온 말로, 동국의 '동(東)'자와 『여지승람』의 '여(輿)'자를 취한 것이다. '비고(備攷)'는 『동국여지승람』을 이용하는 데 참고가 되는 지도'라는 뜻이다. 그럼에도 제작자는 앞선 기록인 『동국여지승람』의 기록을 꼼꼼히 살피지 않은 것이다.

정읍사 여인, 남편을 기다리다 과연 돌이 되었는가

정읍시는 2021년 10월 조선어학회의 권승욱(權承昱) 선생과 백제 정읍사 여인을 이 달의 역사인물로 선정하여 언론에 발표하였다. 다음은 10월 13일자 지역신문에 실린 기사 내용이다.

" … 문화예술 분야에 선정된 망부상은 현존 유일의 백제가요 '정읍사'를 주제로 조성된 초산동 정읍사공원에 있다. 남편이 행상을 나가 오랫동안 돌아오지 않아 그 아내가 산의 돌(바위)에 올라 바라보며 걱정하면서 기다리다 돌이 된 여인의 모습이다. 정읍사공원 위쪽에 자리한 망부상은 허리띠를 두른 백제 여인의 의상을 갖추고 있으며, 남편을 기다리는 간절한 염원을 담은 듯 양손을 모은 채 서 있다."

행상 나간 남편을 기다리다 돌이 되었다는 이야기는 이뿐만이 아니다. 정읍시를 소개하는 각종 해설과 유튜브에도 올라와 있고, 향토문화지를 표방하는 글에도 버젓이 게재되어 있다. 심지어 전문연구자가 쓴 정읍사 논문에도 나와 있다. 하지만 이는 사실과 다르다. 관련 사료(史料)를 봤다면 이런 글을 쓸 수 없을 것이다. 특히 관련단체나 책임 있는 자리에 있는 사람이라면 이런 글을 함부로 써서는 안 된다. 이는 역사의 실체를 신화로 만들어버리는 결과를 가져오기 때문이다. 이는 중대한 실수에 해당된다.

내장호수 산책로 중간 지점에는 정읍9경을 설명하는 안내판이 설치되어 있다. 이 가운데 정읍사공원을 설명하는 내용은 다음과 같다.

"현존하는 유일한 백제가요 정읍사를 주제로 조성된 공원으로 행상 나간 남편을 기다리다 망부석이 된 정읍사 망부상과 정읍사노래비, 정읍사 여인의 제례를 지내는 사우 등이 건립되어 있다. ……."

이는 망부석에 관한 대표적 설화인 신라 박제상(朴堤上, 363~419) 이야기를 정읍사 여인에 끌어다 붙인 것으로 생각된다. 정읍사 망부석은 행상 나간 남편을 기다리던 널따란 바위를 지칭하는 것이었다. 기다리다 돌이 된 것이 아니다. 부덕을 기리기 위해 그리고 정읍사 여인의 순결하고 고귀한 마음을 후세 사람들에게 전하기 위해 망부상을 만들었을 뿐, 정읍사 여인 그 자체를 형상화한 것이 아니다.

그럼에도 이러한 인식이 굳어진 것은 아마도 정읍사공원에 조성된 조형물 때문이 아닌가 싶다. 이는 『정읍사, 그 천년의 기다림』이라는 문순태의 소설을 바탕으로 한 것이다. 2002년 6월에 세워진 조형물의 맨 앞에는 '기다림의 미학'이라는 제목이 있고, "백제가요 정읍사는 한 여인이 사랑하는 님을 기다리다 망부석이 되었다는 슬픈 사랑 이야기다. 기다림 때문에 죽을 수 있다는 것은 슬프지만 아름답다. 기다림이란, 절망 속에 피어나는 희망의 꽃과 같다. 어쩌면 인내이고 희생이며 용서이고 그리움이며 사랑이

정읍사 공원의 망부상

아닌가 한다. 그러므로 기다릴 줄 아는 사람만이 사랑할 수 있고 사랑받을 수 있다'라는 감동적인 설명이 덧붙여 있다.

조형물에 기록된 제8도(圖)에도 '끝없는 기다림'이라는 제하에 '기다려도 오지 않는 남편을 하염없이 기다리며 정읍사 노래를 읊조리다 망부석이 되어 버린 슬픈 정읍사 여인 월아'라는 설명이 붙어 있다. 사람이 돌이 될 수 없는 일이다. 아마도 작가는 망부석이 되었다고 표현함으로써 문학적으로 극적인 효과를 기대했을 것이다. 하지만 역사학적으로는 이를 수용할 수 없는 일이다. 왜냐하면 정읍사 망부석은 『신증동국여지승람』에 설화가 아닌 사실에 바탕을 둔 것으로 해석되는 고적조에 실려 있기 때문이다. 아래는 『신증동국여지승람』에 기록된 망부석에 관한 내용이다.

"망부석은 현의 북쪽 10리에 있으며 현의 사람이 장사하러 떠나서 오랫동안 돌아오지 않으니, 그 아내가 산의 돌 위에 올라서 기다렸는데 혹 그 남편이

밖에 다니다가 해침을 당하지는 않을까 걱정되어 진흙탕 물의 더러움에 의탁하여 노래를 지으니, 그 곡을 '정읍'이라 한다. 세상에 전하기를 산에 오르면 망부석에 발자취가 아직도 있다."

앞 사료(史料)의 어디에 기다리던 백제 여인이 돌이 되었다는 이야기가 있는가. 또 망부석에 발자취가 남아 있다고 했을 뿐 그 어디에도 장군동상의 대좌와 같은 바위를 망부석이라 하지 않았다. 왜 수십 년 동안 관련 단체에서 침묵하고 있는지 알 수 없는 일이다. 무책임하다고 비난받아도 이제 할 말이 없게 되었다.

잘못된 역사 조형물, 어떻게 해야 하는가

우리 지역에 친일파 김경승(1915~1992)이 세운 전봉준 동상이 있다. 당연히 잘못된 조형물이다. 결론부터 이야기하면 철거해야 마땅하다. 그러니 오래 전부터 동학농민혁명계승사업회에서, 그리고 몇 년 전에는 민족문제연구소 정읍지회 측으로부터 철거 주장이 제기된 것이다.

어쩌다가 김경승 같은 친일행위자에게 이 같은 과업이 주어졌는지는 자세히 알 수 없으나, 앞으로 이와 유사한 일이 더 이상 생겨서는 안 될 것이다. 김경승은 조선미술가협회 등 각종 친일단체에서 활약했고, 조선미술전람회 수입금을 국방헌금으로 내기도 했던 인물인데 어찌 된 일인지 해방된 뒤 문화훈장과 3·1문화상까지 수상하였다. 이러니 가치관에 혼란이 생길 수밖에 없지 않은가. 다행히 시민들의 뜻이 모여 지난 2021년 9월 13일 동상이 철거되었다. 이제 동학농민혁명을 상징하는 새로운 모형의 군상이 건립되어 그 의미가 국민들께 잘 전달되었으면 한다.

아는 이들은 기억할 것이다. 한때 상평동 공설운동장 앞에 전봉준 석상이 있었다. 언제 세워진 것인지 또 그 조성경위조차 잘 알 수 없을 뿐만 아니라 있어야 할 위치도 아니며, 그 상이 조잡하기 이를 데 없어 볼 때마다 언제 철거되는 지 궁금했다. 2015년부터 2019년까지 인문학 강의가 있을 때마다 필자는 행정에서 허락하지 않으면 의기 있는 사람이 밤중에라도 때려 부셔야 한다는 의견을 여러 차례 이야기했다. 그 뒤 언제 철거되었는 지 소리 소문 없이 사라졌다. 그나마 다행이다.

덕천에는 전두환 대통령의 유시로 세웠다고 하는 황토현전적지 정화기 념비가 있다. 이평 만석보유지비 옆에 역시 정화기념비가 세워져 있다. 당시 군사정권이 자주 사용하던 이 용어를 그들의 입맛에 맞게 아무 곳에서나 갖다 쓴 것이다. 무엇을 정화했다는 것인지 알 수 없는 일이다. 칠보 동편마을의 조선 단종왕비 정순왕후 태생비에는 비문을 노태우 대통령이 찬(撰)했다고 되어 있다. '찬'했다는 것은 '지었다'는 것인데 이 역시 이해되지 않는 대목이다. 지금 이 시점에서 철거가 어렵다면 전두환과 노태우의 이름 그리고 '정화'에 해당하는 글자를 열심히 쪼아 문드러지게 해서 역사교육에 활용해야 할 것이다. 행정에서 결정한다면 역사학자들이 그리고 관계자들이 또 지역의 유지들이 열심히 쪼아 그 의기(義氣)를 보낼 일이다.

송산동 송학마을회관 앞에는 전두환 대통령 순방 기념비가 있다. 1982년 전두환 대통령이 내장산을 방문하고 여기서 점심식사를 한 뒤 마을을 위해서 1,030만 원을 하사했다 하여 주민들이 세운 것이다. 필자는 지금으로부터 26년 전에 『내 고장 역사의 숨결을 찾아서』라는 책을 쓰면서 이 기념비의 철거를 주장한 바 있다. 쿠데타로 정권을 잡은 사람의 단죄가 아직도 끝나지 않았는데 대통령이 방문했다고 마을의 자랑이 될 수는 없는 일이다. 작금에 와서는 오히려 부끄러워해야 할 일이 아닌가. 주민들이 먼저철거를 논의해야 한다는 요지의 글을 지역신문에 게재한 뒤 2021년 철거가 단행되었다.

정읍사 망부상은 이와 조금 다른 경우이다. 정읍사 공원에 있는 망부상은 약간 긴 저고리에 옷깃을 따라서 저고리 아래쪽까지 단이 있으며, 머리는 양쪽으로 쪽을 짓고서 두 손을 마주잡고 서 있는 모습이다. 상의는 요즘으로 치면 반코트 식에 하의는 색깔이 있는 주름치마를 입은 모습을 재현한 것이다. 여성회관 입구의 망부상도 같은 모양으로 되어 있다.

중국 측 기록인『수서(隋書)』백제 조에 "부인은 머리는 땋아서 뒤로 늘였는데 출가 전에는 한 줄로 하고, 출가 후에는 두 줄로 하여 머리 위에 서리었다"고 했으니 지금 복원한 모습이 맞다.

그런데 정읍역 광장에 세워져 있는 망부상은 얼굴은 작은데 몸은 유난히 커서 인체 비례가 맞지 않을 뿐만 아니라 머리 모양이 한 줄로 땋아 내린 모습으로 되어 있어 출가 전 처녀의 두발 양식으로 되어 있다는 것을 바로 알 수 있다. 뿐만 아니라 저고리의 여밈이 '오른 여밈'이 아닌 '왼 여밈'으로 되어 있어 한마디로 전혀 고증이 되지 않은 조형물이다. 잘못된 조형물은 차라리 없는 것이 낫다. 이 역시 철거 논의가 있어야 할 것이다.

정읍지역 비지정·미등록 문화재의 조사 및 발굴

'문화재지킴이의 날'은 임진왜란 당시 불타버리고 남은 전주사고의 조선왕조실록 유일본을 내장산으로 피란 보존시킨 6월 22일을 기념하는 날이다. 2019년 6월 22일 문화재청과 한국문화재지킴이단체연합회[한지연]에서는 문화재지킴이의 날 기념식을 내장산에서 가졌다. 조선왕조실록을 피란시켰던 안의(安義)와 손홍록(孫弘錄) 선생이 없었더라면 조선왕조 역사는 반쪽짜리에 불과했을 것이다. 정읍은 이와 같이 조선왕조실록을 온전하게 남아 있게 한 저력이 있는 고장답게 앞으로 역사를 기록하고 보존하는 '기록문화의 정신'을 후손들에게 일깨워야 할 막중한 책무가 주어져 있다.

정읍의 역사·문화자원과 비지정·미등록 문화재

정읍은 현재 세계유산으로 지정된 무성서원을 비롯하여 이화개국공신녹권, 김회련개국원종공신녹권, 피향정, 은선리삼층석탑, 천곡사지칠층석탑 등 국가지정문화재가 16점이 있고, 태인동헌을 비롯한 태인향교 만화루, 남복리오층석탑 등 도지정문화재 66점, 일제강점기 수탈의 상징인 신태인 도정공장 창고건물[등록문화재 제175호]과 호남인재의 산실이라 할 수 있는 영주정사와 영양사[등록문화재 제212호], 그리고 라용균 생가[등록문화재 제276호] 등 등록문화재 8점, 동학혁명모의탑, 사발통문 작성 터, 만석보 혁파비, 태인의병에 가담했던 인사들의 명단이 의친왕 이강의 글씨로 남아 있는 동의기념비 등 향토문화유산 13점, 내장사를 비롯한 유선사, 정혜사 등 전통사찰이 10여 곳이 있을 정도로 풍부한 역사문화자원을 보유하고 있다.

여기에 더해 우리 지역에도 천연기념물이 있다는 사실을 아는 이가 드물다. 내장산 비자림을 비롯, 만병초라 불리는 내장산 굴거리나무 군락과 또 하나는 산내면 두월리의 청실배나무이다. 최근에는 290년 된 내장산 단풍나무 하나가 더 추가되었다. 민속문화재로는 태인에 신잠(신숙주의 증손자) 선생의 영상과 백암리의 남근석(男根石)이 유명하다.

하지만 그간 비지정·미등록 문화재가 몇 점이 되는지 정확한 집계를 내지 않았고 조사한 적이 없어 그 수를 헤아리기 쉽지 않은 상태이다. 이에 정읍시에서는 2019년 문화재 전수조사를 통해 그 가치를 인정받지 못한 문화재를 조사하여 보존가치가 있는 것은 향토문화유산으로 지정하고, 이를 활용하기 위한 방안을 모색하기 위해 정읍문화원에 그 사업을 위촉하였다. 조사 작업은 사단법인 정읍역사문화연구소가 주관하였다.

역사·문화자원의 재조명과 그 의의 부여

문화재 전수조사(매장문화재는 제외)에서는 그간 역사적 가치를 부여받지 못한 어진화가 채용신(蔡龍臣)의 공방[신태인 화호리 육리에 있는 작업실]과 제육장군리향약, 을사늑약 당시 매천(梅泉) 황현(黃玹)의 순국소식을 전해 듣고 손가락을 잘라 절명시를 쓴 다음 집 앞 우물에 투신한 김천술(金天述)

선생의 순정비[칠보면 행단], 파리장서(巴里長書)에 유일하게 서명했던 김양수(金陽洙) 선생의 기적비[소성면], 민족운동사적 측면에서 강조되어야 할 태인 미륵불교(彌勒佛教)의 대장전(大藏殿) 건물, 태인3·1독립만세운동의 거점으로 활용되었던 읍원정(挹遠亭) 건물, 전북 도내에 남아 있는 열 개의 철비 중 정읍에서는 유일한 은진하(殷鎭夏) 선생의 철비[소성면], 한때 내장사에 주석하면서 반선반농(半禪半農) 사상을 가르쳤던 백학명(白鶴鳴) 스님과 독립운동가요 교육사상가인 석전(石顚) 박한영(朴漢永) 스님의 부도가 있는 부도전(浮屠殿), 임란 당시 의병장 오봉(鰲峰) 김제민(金齊閔) 선생의 묘비[덕천면], 수탈의 상징인 동양척식주식회사 화호출장소 등이 새롭게 의미가 부여되었다.

이 가운데 오봉 김제민 묘비는 1653년에 공조정랑을 지낸 윤순거(尹舜擧)가 비문을 짓고 글씨를 쓴 것으로 오석[烏石]을 다듬어 세운 것이다. 비신 상단에 이수를 새겼고 이수 뒷면에 계수나무와 토끼가 조각되어 있어 매우 아름답다. 비문은 김제민이 일찍이 일재 이항의 문하에서 수학했으며, 임진왜란이 발발하자 의병장으로 활동한 일대기를 상세하게 기록하고 있어 김제민 연구에 귀중한 사료가 되고 있다. 현재는 도 유형문화재로 지정되었다.

조사를 맡았던 전문위원들은 어진화가 채용신이 이모(移摹)했거나 그린 것으로 추정되는 최치원(崔致遠) 초상화와 송정십현도(松亭十賢圖), 칠광도(七狂圖)를 포함한 장군리 향약, 정극인이 고현동향약과 함께 마을의 화목과 질서유지를 위해 시행했던 향음주례[鄕飮酒禮之圖], 수제천(壽齊天) 등은 정읍시 향토문화유산을 넘어 도 지정까지 서둘러야 할 문화재로 결론지었다. 또 지금은 폐쇄된 구 운암발전소(雲岩發電所)는 우리나라 수력발전의 시작이자 최초 유역변경식 수력발전소이기 때문에 근대문화유산 지정을 서둘러야 할 가장 시급한 건축물로 논의되었다. 장군리 향약은 고현향약(古縣鄉約)과 함께 그 원본이 잘 보존되어 있을 뿐만 아니라 한 지역에서 두 곳의 향약원본이 보존된 곳은 그 사례를 찾기 어렵기 때문이다. 이제 더 이상의 변형과 훼손을 막고 그 가치를 널리 알리기 위해서는 지정 관리가 시급한 실정이다.

특히 수제천(壽齊天)은 무성서원(武城書院), 조선왕조실록(朝鮮王朝實錄), 직지심경(直指心經), 동학농민혁명(東學農民革命)과 함께 우리가 후손들에게 영원히 물려주어야 할 정읍의 대표적인 유무형의 자산이다. 수제천은 1970년 프랑스 파리에서 개최된 제1회 유네스코 아시아 음악제 전통음악 분야에서 최우수 곡으로 선정되었다. 당시 심사위원들은 "천상의 소리가 인간 세상에 내려온 것과 같다"고 평했다. 국내는 물론 해외에 많은 음악평론가들이 "수제천은 장중하면서 화려한 가락에 완만하고도 여유로운 장단으로 구성되어 있을 뿐만 아니라 자유스럽고 신비로운 영혼을 함께 간직하고 있다"며 그 음악성을 극찬한 바 있다. 수제천은 도 무형문화재를 뛰어넘어 세계유산으로 지정될 수 있는 가치가 충분한 만큼 지속적인 연주와 연구가 가능할 수 있도록 그 여건을 만들어주어야 한다.

이외에 군수 사후 군민들의 자발적인 성금으로 세워진 홍범식(洪範植) 선정비[태인면 피향정]와 간재(艮齋) 전우(田愚)의 뛰어난 제자로, 3재의 한 사람으로 불렸던 금재(錦齋) 최병심(崔秉心)이 쓴 은산정(殷山亭) 현판[정우면 화천], 성산배씨 삼강정려[정우면], 고흥유씨 재각의 민화[금붕동], 1930년대에 세워진 건물로 일제강점기 신의주까지 알려졌던 정안약주를 생산하던 평화양조장[구시장], 태인주조장과 신태인주조공사 건물, 노인정 건물로 관내에서는 가장 오래된 태인노휴재, 독립운동하던 신태인의 은성하(殷成河)가 지원하고 이갑룡(李甲龍) 처사가 쌓았다는 소이암지 석탑[태인면 백산리] 등이 추가되었다.

여기에 더해 정읍시의 상징인 정해마을 우물[상교동], 호남선 구철도 군령교[입암면], 천주교 등천공소[입암면], 언양김씨 효열문[덕천면] 등 총 12건이 추가되었다. 손화중(孫化仲) 출생지와 김개남(金開男) 피체지는 검토 끝에 논란이 있어 보류하였고, 김세길(金世吉) 가옥은 향후 지정을 검토해야 할 건축물로 논의되었다.

반면에 옹동면 저상공소[닥배미 공소]를 비롯, 감곡면 방교리 고분군, 구한말 호구대장, 군수 박규동영세불망비 등 4건은 애초에 조사대상에 포함되었으나 이후 논의에서 제외하였다. 구 고부금융조합과 남복리 일본식 가옥, 그리고 구 정읍경찰서장 관사, 화호리(禾湖里) 일대에 흩어져 있는 식민지 근대문화 유산과 일본식 건축물 등은 앞으로 보존과 함께 활용방안을 고민해야 할 역사적으로 가치 있는 것들이라는 의견이 제시되었다.

특히 구 정읍경찰서장 관사는 한국식 생활공간인 온돌에 일식과 응접실이 있는 서양식이 절충된 건축양식이라는 점에서, 남복리 일본식 가옥은 거실 정면에 미술품 등을 장식하는 공간인 '도코노미'와 '다다미 방'의 형식을 확인할 수 있고, 해방 이후 일본식 가옥에 한국식 생활양식이 도입된 모습을 확인할 수 있다는 점에서 지역 내 식민지 근대문화유산과 함께 묶어서 보존 관리할 필요성이 제기되었다.

선정비나 불망비의 경우에는 관리가 되지 않아 비가 잘려나가거나 일부가 훼손 방치되는 경우가 있어 한 곳에 모아 놓을 필요가 있다. 단독으로는 의미가 없으나 모아놓으면 그 의미를 부여할 수 있는 것들이 있기 때문이다.

묻혀있던 역사, 조사와 발굴을 통한 새로운 역사의 정립

추후 발굴이 검토되어야 할 대상으로 머리가 없는 장문리(長文里) 석불 [고부면]과 오랫동안 용화세계의 미륵불 출현을 믿고 그 자리에 불상을 안치한 화엄사[옹동면], 탑성리(塔成里) 당간지주를 비롯한 석탑 기단부[북면], 유상대(流觴臺) 터[칠보면]와 보천교(普天敎)의 십일전(十一殿) 터[입암면], 사직단(社稷壇) 터[고부면] 등은 그 발굴 결과에 따라서 문화재 지정을 논의해야 할 것들이다. 장문리 석불은 머리가 결실된 채로 하부가 매몰되어 있는데 옆 바위에 마애불두가 선각되어 있어 고부지역의 불교문화를 이해하는데 중요한 유적으로 판단되어 발굴 후 보존이 필요하다는 의견이 있었다. 유상대 터는 기존발굴에서 그 흔적을 찾지 못한 만큼 칠보천에 있는 바위 주변을 추가 발굴해야 한다. 보천교의 십일전은 궁궐을 모방하여 건축한 것으로 해태[獬豸]를 앞에 두고 시가지 중심을 '종로(鐘路)'라 칭하면서 후천개벽(後天開闢)의 새로운 세상의 중심이 되는 곳으로 이곳을 설정하였다. 이제 더 이상의 훼손을 막기 위해서 십일전 주변의 기초적인 시굴조사가 시급하다. 출토 유물과 보천교의 민족운동사적 의미를 되살려 등록문화재로 지정하는 방안이 추진되어야 한다. 덧붙여 주변에 보천교 또는 민족종교 관련 전시관 또는 자료관을 세울 필요가 있다. 고부 사직단 터는 정읍 3군 가운데 유일하게 남아 있는 터로 존재가치가 높아 고부읍성 내지 고부관아를 복원할 때 함께 복원해야 한다는 주장이 제기되었다.

이밖에 성산배씨 삼강정려[정우면]는 한 집안에 삼강(三綱)에 해당하는 충·효·열을 모두 갖추었다는 용계동의 언양김씨 삼강정려[문화재 자료 제 169호]와 꼭 같은 성격을 지닌 문화재로 향토문화유산으로 지정 가치가 충분하다. 또 덕천면 도계리 세효각(世孝閣, 또는 의성김씨 효자정려 민화 벽화)

의 민화 벽화와 금붕동 붕래 마을의 고흥유씨 재각의 민화는 앞으로 정밀 조사를 통해 문화재로 지정할 필요가 있다는 의견이 모아졌다.

산외 목욕리 솟대는 매년 당산제를 지내면서 하나씩 교체하기 때문에 보존상태가 양호한 편이다. 솟대 자체는 문화재로서 가치가 없으나 당산제는 마을 사람들이 당산제를 지내는 경건한 모습과 솟대 제작과정 그리고 솟대를 세우는 엄격한 절차와 과정 등이 무형문화재로서 가치가 크기 때문에 정읍시 향토문화유산으로 지정할 필요가 있다. 비슷한 사례로 진안에서는 인삼재배의 가공 기술은 물론 인삼문화 전체를 진안군 향토문화유산으로 지정한 바 있다. 이밖에 가랑이가 터진 단속곳 속옷을 머리에 뒤집어쓰고 당산제를 지내는 북면 원오류리 당산제와 영원면 장재리 백양 마을의 당산제는 여자들이 주관한다는 공통점이 있으나, 장재리 당산제는 한해 농사가 시작된다는 2월 1일(음력)에 지낼 뿐만 아니라 새벽 4시에 풍물굿을 치면서 무당을 초청하여 지내는 '무당형 당제'라는 점에서 그 가치가 크다. 이 역시 시의 무형문화유산으로 지정할 필요가 있다. 이 같은 솟대나 당산제는 역사성 학술성 사회문화적 가치 등을 충분히 갖추고 있기 때문이다. 기타 머리와 손이 결실된 채로 방치되어 있는 앵성리 석불[영원면]은 시에서 매입하여 박물관으로 이전, 교육용 자료로 활용해야 한다.

모정을 통해서 보는 호남과 영남의 문화 읽기

모정 이야기를 하면 그것이 문화재가 될 수 있느냐고 반문할 것이다. 그런데 돌담장도 문화재가 되는데 왜 모정은 안 되는 것일까. 다만, 모정 안에 선풍기가 돌아가고 방한과 방풍을 위해 사방에 가림막이 설치되는 등 현대식이 아닌 모정 본래의 기능과 원형을 유지하고 있다면 문화재로 지정도 가능할 것이다.

모정은 충남 부여 이북을 지나면 보이지 않는다. 또 전남 곡성 아래쪽으로도 보이지 않는다. 경상도는 정자문화이니 말할 것이 없다. 그럼 이들은 어디에서 쉬는가. 바로 평상에서 쉬는 평상문화다. 모정 하나를 두고도 영남과 호남의 문화가 이렇게 다르다. 이렇게 모정 하나를 두고 문화를 읽어낼 수 있다는 것은 대단한 일이다.

이평 서산마을에 가면 한 마을 안에 모정(茅亭)과 시정(詩亭)이 있다. 모정은 마을 입구에 있고, 시정은 논 가운데 있다. 시정은 모정과 정자의 중간 형태로 지붕에 기와가 올려있으나, 모정과 마찬가지로 농민의 휴식처이자 노동문화를 상징한다는 점에서는 다를 바 없다. 시정이 논 가운데 있다는 것 역시 노동 중간 중간에 쉼터 역할을 하기 위해 지었기 때문이다. 다만

모정은 말 그대로 띠를 엮어서 만든 것이나, 시정은 기와를 얹었다는 점에서 차이가 있다. 만들어진 과정이야 아마도 모정과 정자가 지어진 뒤 이를 절충하는 양식의 시정이 생겼을 것이다.

필자가 이 마을을 주목하는 이유는 안동 권씨의 집성촌이자 증산교를 창시한 강일순의 외가마을이 되는 곳이기 때문이다. 뿐만 아니라 조선 최고의 단학이론가였던 권극중(權克中)이 이 마을 출신이기 때문이다. 한때 그를 모시는 서산사(西山祠)가 있었다.

시정은 안동 권씨들이, 모정은 타성받이들이 십시일반으로 지었다는 게 또 흥미를 끄는 대목이다. 얼핏 들은 이야기로 그래서 지금도 안동 권씨들은 시정에서, 타성바지는 마을 입구의 모정에서 휴식을 취한다고 한다. 요즘 시대에 믿기지 않는 이야기이니 판단은 독자들이 알아서 할 일이다.

유홍준 전 문화재청장이 『나의 문화유산답사기』에서 한 말이 지금도 회

자되고 있다. "아는 만큼 보인다"고. 그런데 이보다 더 나를 감동케 했던 말이 있다. "사랑하면 알게 되고, 알게 되면 보이나니, 그때 보이는 것은 전과 같지 않느니라." 조선 정조 때 문인, 유한준이 한 말이다.

석탑의 층수, 어떻게 알 수 있을까

정읍의 은선리삼층석탑과 천곡사지칠층석탑이 보물로 지정되어 있다. 장문리오층석탑과 남복리오층석탑, 해정사지삼층석탑, 무성리삼층석탑은 도 유형문화재로 지정되어 있다. 관내 모든 석탑이 고려시대에 만들어진 것들이다. 그럼에도 은선리삼층탑은 백제시대에 만들어진 것이라는 주장이 반복되고 있다. 아마도 탑신 지붕 처마가 기단보다 넓은 백제탑 양식을 취하고 있기 때문에 그러는 모양이다. 필자도 한때 백제시대로 보았으나 이는 백제탑의 양식을 모방한 고려시대 석탑으로 이미 밝혀졌다.

탑의 층수를 헤아리는 것은 생각보다 쉽지 않다. 어디까지가 탑의 기단이고, 탑의 몸체인 탑신인지 쉽게 구분되지 않기 때문이다. 그래서 3층인지, 5층인지 헷갈릴 때가 있다. 백제와 신라양식을 구분하는 가장 쉬운 방법은 기단이 1층인지, 2층인지를 구분하는 것이다. 신라양식은 이중기단으로 되어 있기 때문이다. 이를 기반으로 탑의 처마에 해당하는 낙수면 아래쪽의 층급받침이 있는지 없는지를 살피면 3층탑인지, 5층탑인지 쉽게 구분할 수 있다.

그런데 여기에다 탑의 내면에 감춰져 있는 메시지까지 파악한다는 것은

더욱 어려운 일이다. 그럼에도 불구하고 우리가 반드시 알아야 하는 이유
는 우리 문화재의 3분의 2가 불교문화재이기 때문이다. 어떻게 보면 이는
온 국민이 알아야 할 문화재 상식이기도 하다.

 탑은 보통 짝수탑이 없고, 홀수탑이 주류를 이룬다. 그렇다고 짝수탑이
아예 없는 것은 아니다. 원각사지팔각구층석탑이나 경천사십층석탑과 같
이 형태가 다른 이형석탑(異形石塔)이 있기 때문이다. 이는 전통적인 양식의
탑이 아닌 송나라나 원나라 등 외국의 영향을 입은 석탑들이다.

 탑의 층수는 어려운 이야기지만 고대 동양의 우주관이나 음양오행사상
에 뿌리를 두고 있다. 고대 우리나라 사람들의 의식을 실질적으로 지배한
신앙의 주류는 '천인합일사상(天人合一思想)'과 '음양오행사상'이었다. 그 사
상 체계는 하늘과 사람이 서로 감응하는 이치를 통하여 하늘의 뜻을 인간
사에 적용시키는 것이었다. 3은 천·지·인을 뜻하고, 5는 오행, 7은 칠성에

상응하는 수를 말한다.

경천사십층석탑의 경우, 역사문화학자 허균은 평면이 '아(亞)자' 형을 이루는 아래 부분의 삼층과, 일반형 석탑과 같이 방형으로 된 윗부분의 칠층으로 구성되어 있어 십층이지만 홀수를 기본으로 하고 있다고 주장한다. 특히 세 번째 층의 지붕돌이 이중으로 되어 있는 것은 일층에서 삼층 부분과 사층에서 십층 부분을 구분하기 위한 의도로 보고 있다. 그래서 십층이지만 이 탑 역시 홀수를 선호하는 한국인의 길상 관념에 뿌리를 두고 있다고 보는 것이다.

정읍의 관문, 왜 '말고개'인가?

정읍의 말고개, 무슨 뜻일까. 잔다리목과 당고개는 또 무슨 뜻일까. 정읍에 살면서 말고개와 잔다리목, 당고개란 지명을 모르는 사람은 정읍 출신이 아니라 해도 과언이 아니다. 그런데도 정읍에 살면서 그것들이 무엇을 뜻하는 것인지 한 번도 고민해보지 않은 사람도 있을 것이고, 설령 고민했다 하더라도 먹고 사는 데 지장이 없으니 굳이 알고자 하는 필요성을 크게 느끼지 못했을 것이다. 그래서 무심히 넘어갔을 터.

그런데 이치를 알면 사물이 보이듯이 국어의 음운론을 공부하게 되면 땅이름을 자연스럽게 이해할 수 있게 된다.

정읍의 '말고개'와 강원도 홍천의 700고지인 '말고개', 그리고 속리산 가는 길의 '말티고개'와 부산의 '대티터널'은 모두 '큰 고개'라는 뜻의 같은 말이다. '말'은 크다는 뜻의 순우리말로 '큰 대'와 통하고, '티'는 '치'와 같은 말로, 고개라는 뜻이기 때문이다. 또 두승산(斗升山)의 9개 봉우리 중에서 가장 높은 봉우리가 '말봉'이다. '말자지'도 말의 자지를 뜻하는 단어가 아니라는 사실은 굳이 설명이 필요하지 않다. 만주의 장군총도 현지에서는 크다는 뜻의 '말무덤'으로 통한다. 연지동에도 '말무덤'이 있었다. 큰 벌을

정읍의 관문, 말고개. 표지판이 왼쪽 전신주에 붙어 있다.

'말벌'이라 하고, 머리 큰 사람을 '말대가리'라는 말로도 현재 살아 있다.

이렇게 이야기하면 그리 높지 않은 고개를 큰 고개로 부를 수 있느냐는 반문이 이어진다. 사실 동초등학교 옆의 고개를 큰 고개를 뜻하는 '말고개'로 부르기 어려울 정도로 어떻게 보면 낮은 고개다. 그럼에도 불구하고 큰 고개라는 뜻의 '말고개'라 부르는 이유가 있다. 크다는 것은 작다는 것의 상대적인 말이기 때문이다. 그럼 작은 고개는 어디인가? 바로 '작은몰고개'를 지칭한다. '몰'은 산을 뜻하기도 하고, 마을을 의미하는 말로도 쓰였으나 여기서 '몰'은 골짜기를 뜻하는 우리말로, '작은몰고개'는 작은 골짜기를 넘어가는 고개라는 뜻이다. 그러니 '작은말고개'라는 말은 성립될 수 없는 것이다. '따뜻한 냉커피'나 '비 오는 달밤'과 별반 다를 게 없는 말이다. 시청에 지명위원회가 설치되어 있다. 그런데도 도로표지판에는 작은 말고개가 버젓이 붙어 있다.

전후사정이 이런데도 사람들은 큰 고개라는 뜻의 말고개를 여전히 말이 죽으면 묻었던 고개라고 우긴다. 이야기는 항상 큰소리치고 우기는 쪽이 이기게 되어 있다. 이럴 경우, 마음의 그릇을 넓히는 도량(度量) 공부라 생각하고 그냥 웃어넘길 일이다.

이야기를 들어보면 그럴 듯하다. 그것도 나이 든 어른들이 일제강점기를 들먹이면서 이야기하니 그럴 수도 있겠다. 그래서 깜빡 속는 사람들이 하나둘이 아니다. 문제는 공부깨나 했다고 하는 사람들조차도 여기에 동조하고 있다는 사실이다.

『한국의학사』를 보면 일제강점기인 1920년대 조선에 3대 질병이 있었다. 바로 폐결핵과 콜레라 그리고 나병이라고도 부르는 한센병이었다. 지식인

작은몰고개 도로표지판

병으로 불리는 폐결핵은 걸렸다 하면 다 죽는 것으로 인식되던 시절이었고, 수인성 전염병인 콜레라는 전염속도가 빨라 당시 의학으로는 치료가 거의 불가능하던 시대였다. 한센병이야 말해야 무엇 하겠는가?

이런 때에 폐병에 가장 유효하다고 알려진 민간요법이 바로 말뼈를 가루 내어 먹는 방법이었다. 해서 사람들이 죽은 말을 다시 꺼내 치료약으로 썼다는 이야기로 연결할 수 있다. 앞뒤가 비교적 잘 연결되고 그럴듯한 개연성마저 보이니 웬만한 사람이면 믿을 수밖에.

똑같은 이치로 옹동에서 전주 가는 길의 '숫튼재(솥튼재)'를 고개를 넘는 사람들로부터 산적들이 소를 털던 고개라거나 지형이 솥처럼 생겼다고 우기는 경우다. 그래서 '소턴재'고 '솥튼재'라 한단다. 하지만 땅이름은 절대로 그렇게 해서 붙여지는 게 아니다. 정말 그렇게 땅이름이 다 붙여진다면

솥튼재와 솥튼터널

굳이 지명을 연구할 필요가 있겠는가.

우리말에 높이를 가늠하는 여러 가지 말이 있다. 그 중에서 '배'와 '언덕', '고개'와 '재', 이를 한자로 바꾼 '치(峙)'와 '현(峴)'이 있다. 그 다음 단계로 산봉우리를 뜻하는 '봉(峰)'과 산맥을 가로지르는 '령(嶺)'이 있다.

'배'는 평지에서 약간 위로 올라온 것을 말한다. 그러니 사람의 배도 나오는 것이 정상이다. 나오지 않으면 배가 아니다. 그 뜻을 알면 우리가 역사시간에 배웠던 '배흘림[엔타시스]'과 '민흘림'의 차이를 확연히 알게 된다. '치'나 '현'은 구분이 모호한 편이나 '치'는 높고 험한 곳을, '현'은 일반적인 관습상의 고개를 지칭하는 말로 쓰였다. 남원의 정령치와 덕천의 황토현이라는 지명으로 우리 주변에 남아 있다. 정확한 높이를 기준으로 설정할 수 없으나 관행적으로 구분해서 써 오던 방식으로 이와 같이 구분할 수 있다.

'솔'이 솟았다는 뜻에서 비롯되었다는 것은 다소 복잡한 풀이과정을 거칠 수밖에 없다. 우린 표준말로 부추를 '솔'이라 한다. 이는 바늘처럼 뾰족하게 솟아있는 모양에서 이름을 따온 것이다. 뾰족하게 솟은 모양에서 소나무를 '솔'이라고도 하고, 풀뿌리나 털 등으로 만들어 옷이나 먼지를 터는 데 쓰는 도구 또한 '솔'이라고 한다. 구두솔, 옷솔이 그렇다. 그래서 더러 '솔'은 '솟'으로도 쓰인 것이다. '솔대-솟대'와 같이 쓰는 경우다. '솔-솟'은 다시 '솥(솥)'으로 이어졌다. '솟'의 끝소리 시옷이 디귿으로 소리 나기 때문이다. 흔히 이를 일러 국어학에서는 '끝소리규칙' 또는 '말음법칙'이라 한다.

언어학자 정호완의 연구에 따르면 『훈몽자회(訓蒙字會)』(1527)에서는 '솥'을 '솔'이라고 했다. 결국 '솔'과 '솥(솥)', '솟'은 '솟았다'는 같은 뿌리말을 바탕으로 하고 있는 것이다. 따라서 '솥튼 재'는 음식을 만드는 솥이 아닌

'솟았다'는 말에서 유래된 것으로 보는 것이다.

　여담이다. '부추'는 '구채'(韭부추 구, 菜나물 채)라는 한자어에서 유래된 말이다. 재미있는 것은 이 말을 서울에서 쓴다 해서 표준어가 되고, '솔'은 방언이 되었다. 정력을 오랫동안 유지시켜 준다는 '정구지(精久持)' 역시 한자어에서 유래된 말이다. '정구지'는 초가집을 헐고서라도 심어야 한다는 속설이 전해질만큼 정력에 강력한 작용을 하는 모양이다. 그래서 '파옥초(破屋草)'로도 부르는데 이 역시 한자말이다. 그렇다면 이 가운데 무엇이 표준어가 되어야 할까.

리얼리티(reality)의 극치, 백암리 남근석

시내 장명동 골목 쌍화차 거리에 가면 가게마다 '후손들에게 물려주어야 할 정읍의 세계적인 문화유산 six(6)'가 걸려 있다. 누가 정한 것인가? 필자에게 물어보니 그렇게 답한 것일 뿐 지역 내에 있는 세계적인 문화유산이 어디 여섯 개만 있겠는가. 그중에 마지막이 바로 남근석이다. 정읍은 양반문화와 서민문화가 공존하는 지역으로 특히 남근석은 서민문화를 상징한다. 왜 세계적인가. 이를 연구하는 민속학자가 '리얼리티의 극치'라 평한 바 있고, 남근석 옆의 여근목이 또한 음양의 조화를 이룬다는 점에서 국내는 물론 세계적으로도 그 유례를 찾아보기 어렵기 때문이다.

남근석과 여근목의 조화

칠보면 백암리 원백암 마을 입구에는 수령이 300~400년은 족히 되었을 큰 느티나무 옆에 높이 165cm, 둘레 88cm의 화강암으로 잘 다듬어진 일명 '자지바우'라 불리는 남근석이 있다.

몇 십 년 전만 해도 퍽 사실적인 남근석 모습에 놀라는 사람들도 있었지만, 작금에 와서 놀라는 사람은 없을 듯하다. 제주성박물관에 비하면 그

음양의 완벽한 조화, 백암리 남근석

수위가 한참 낮다고 보기 때문이다. 아쉬운 것은 백암리 남근석을 모태로 진즉 성을 소재로 한 자료관 정도 하나가 세워졌더라면 하는 생각이다.

백암리 남근석은 이 일대에 대추나무가 많아 원래 '숲정이'로 불렸던 곳이다. 옆에는 장승 모양의 당산석이 있고 남근석 바로 앞에는 여음석이 있었다 하나 오래 전에 없어졌다. 남근석과 여근목은 마치 음양을 상징하듯 당산나무의 한가운데가 움푹 파여 있고, 봄이 되면 파인 곳에 싹이 트고 있다.

남근석 옆에는 장승 모습의 할머니 당산이 있고, 맞은편에는 할아버지 당산이 자리하고 있다. 공교롭게도 할머니 당산이 있는 곳이 원래는 고추밭이었고, 할아버지 당산이 있는 곳은 물이 있는 논 속이어서 절묘한 음양의 조화를 이뤘다. 그런데 방문객들이 자주 찾다보니 이들의 편의를 위해 서였는지 어느 날 갑자기 논 속에 있던 할아버지 당산이 튀어나와 할머니 당산 맞은편으로 옮겨오게 되었다. 누군가 그랬다. 문화란 굽고 구부러진 것을 펴는 것이 아니라 그것을 온전하게 보존하는 데 있다고.

인접지역의 남근석과 비교해봤다. 백암리 남근석이 국내에서 가장 아름다운 것이라면, 임실 덕치에 있는 남근석은 국내에서 가장 터프한 남근석으로 보인다. 그 모양이 너무도 사실적이다. 한편 순창 산동리와 창동리에 있는 남근석은 이보다 더 정력적이다. 마치 발기된 남자 성기의 혈관이 튀어 나온듯한 당당한 모습으로 보이기 때문이다.

순창의 남근석이 투박한 솜씨로 만든 것이라면, 임실 덕치의 남근석은 뛰어난 솜씨의 장인이 마치 특징만을 잡아 단번에 스케치하듯 조각한 것처럼 보인다. 그래서 전문가들이 임실 덕치의 남근석을 가리켜 '우리나라 현존하는 남근석 가운데 가장 터프한 것'이라 평한 것이다.

백암리 남근석은 조선 숙종 때 정3품 통훈대부(通訓大夫, 당하관)를 지낸 모은(慕隱) 박잉걸(朴仍傑)이 세운 것으로, 마을의 입구가 너무 트여 지세가 흩어지는 것을 막기 위해 숲을 만들고 장승을 세웠다 한다. 원백 마을에는 원래 24방위에 맞춰 세운 24개의 당산이 있었다. 이것이 후에 12당산으로 줄었고, 현재는 7개의 당산만 마을 주변에 남아 있다. 모은 선생의 자선사업을 기리기 위한 기적비가 흥삼마을 백암초등학교 입구에 세워져 있다.

남근석은 일종의 조상숭배

남근석은 풍요와 득남을 기원하는 의식에서 나온 풍습으로 보기도 하나, 한편으로는 조상숭배의 일종으로 풀이하기도 한다. 중국 최초의 왕조인 은나라의 유적지 은허에서 '할아비 조, 선조 조(祖)'자를 남성 성기의 귀두가 벗겨진 모습을 오른편 획으로 사용한 갑골문(甲骨文)이 발견되었다.

그래서 조지(祖至)는 조상에게 물려받은 뜻으로 해석하고, 자지(自至)는 커가면서 오늘날 이렇게 되었다는 뜻으로 풀이한다. 따라서 아이가 자라면 조지가 아니고 자지라 부르는 것이다. 아주 독특한 해석이다. 돌아가신 농초 박문기 선생이 쓴 책에 이렇게 명시되어 있다.

원광대학교 한문과 객원교수인 유승훈은 청동기 시대 제단에 제물을 놓고 제사지낼 때 그릇에 쓰는 글자인 종정문(鍾鼎文)에도 '아비 부(父)'자는 남자의 성기를 오른손으로 잡고 있는 형상에서 따온 글자로 되어 있다고 이야기한다. 따라서 남근숭배는 일종의 조상숭배라는 주장이다.

차향(茶香) 가득한 향기도시, 정읍에서 만나자

정읍의 오향(五香)은 인향(人香), 성향(聲香), 주향(酒香), 미향(味香), 화향
(花香) 이렇게 다섯 가지를 꼽는다. 이중 화향에 속하는 차향은 쌍화차를
비롯, 녹차, 야생차, 구절초, 라벤더, 연꽃, 솔잎차 향을 말한다. 이는 축산
악취로 인한 지역 이미지 제고를 위해 시가 정책적으로 밀고 있는 사업 중
의 하나이다.

이 가운데 녹차나무는 현재 고부 두승산을 비롯, 영원 운학리, 입암 천
원리, 소성 국사봉, 북면 남산리, 칠보 송산, 내장 벽련암, 장명동 성황산,
연지동 죽림산 등지에 군락을 이루고 있다.

녹차는 현암다원을 비롯, 태산명차, 금향다원, 황토현다원 등 24개의 다
원에서 우수한 품질의 차를 생산하고 있다. 그럼에도 '녹차' 하면 사람들
은 보성을 떠올린다. 하지만 보성녹차는 1941년에 일본인들이 뒤늦게 조
성한 것으로 전량을 몽고로 수출했다는 점에서 차의 품질면에서뿐만 아니
라 1912년에 조성된 입암차의 역사로 보더라도 정읍녹차와 비교할 수 있
는 성질의 것이 아니다.

『세종실록지리지(世宗實錄地理志)』에 "고부에서 나는 작설차(雀舌茶)는 약

재로 활용했으며, 정읍현의 차는 지방 특산품으로 진상되었다"는 기록이 있다. 우리 지역에서 생산되는 차가 임금에게 진상될 정도로 그 품질이 높았다는 이야기다. 이를 바탕으로 일제강점기에는 일인들에 의한 차의 생산과 보급이 있었다. 입암의 오가와 다원(소천 다원, 1913)이 대표적인 다원으로 유명하였다.

종자 파종에 의한 국내 최초 재배 다원, 입암 오가와 다원

오가와(小川英樹) 다원은 입암 천원(川原)에서 자생하는 종자를 채취하여 재배한 다원 즉 '재배차' 개념의 우리나라 최초의 차밭이다. 오가와는 1913년 전남도청의 산림기사들로부터 정읍에 야생차가 많다는 이야기를 듣고, 이곳의 토질과 기후가 차 재배에 적합하다는 것을 확인한 다음 차나무를 재배하기 시작하였다. 오가와 다원은 초기에는 채산성이 없었으나, 1923년부터 품질이 우수한 가와바라차[川原茶]를 오사카까지 수출하기에 이르렀다.

일본어 잡지인 『조선』(1930.8)에 "차의 품질이 내지(內地)인 일본에 비해 손색이 없고, 향과 맛이 뛰어난 차로 입암의 천원차가 있다. 천원차는 전 조선에 걸쳐 드물게 보이는 특산품으로, 입암 천원을 산지로 경작 면적 3정7반(三町七反), 종사 호수 5호, 생산액 10,300근, 13,000원으로 조선 내 각지에 판매하고 있다. 한 근에 1원 10전 내외"라고 기록되어 있다.

이처럼 정읍의 오가와 다원은 일본인들이 조성한 다원이었지만 경영 실적은 매우 우수하였다. 당시 차 밭을 홍보하기 위해 기념엽서를 발행하기도 했다. 오가와 다원은 국내에서 두 번째로 조성된 기업형 다원이지만, 종자 파종에 의한 재배다원은 최초이며, 국내 최초로 일본으로 전량 수출했다는 데 의의가 있다.

눈을 밝게 하는 차, 입암 하부차[결명자차]

정읍은 녹차만이 아닌 하부차로도 유명하였다. 하부차는 천원차(川原茶)와 달리 입암 하부리(下富里)에서 생산된다 하여 붙여진 이름으로, '결명자차(決明子茶)'를 말한다. 콩과에 속한 일년생 초본으로 차로 많이 이용하며, 잎은 식용한다. 초여름에 싹이 나고 꼬투리에 열매가 달리는데, 그 안에 녹두 같은 씨가 들어 있다. 독은 없고 포도당을 만드는 '에모딘'이란 성분이 들어 있다. 주로 눈병과 뱀독, 종기로 열이 나는 데 약물로 쓰였다.

차로 쓰면 간장을 보하고 눈을 밝게 하기 때문에 선비들의 공부방에는 으레 이 차가 있었다. 『향약집성방(鄕藥集成方)』(1443, 보물 제1178호)에는 한 수저씩 빈속에 먹으면 몸이 가벼워진다 했고, 100일 동안 계속 먹으면 밤에도 잘 보인다고 했다. 야영할 때 하부차 가루를 텐트 주변에 뿌리면 뱀의 근접을 막을 수 있다.

차의 고장, 차 한 잔의 여유

차는 이처럼 효능도 우수해서 그 자체만으로도 몸을 건강하고 맑게 하는 데 많은 도움을 준다. 무엇보다도 마음의 수양을 쌓고 여유를 즐기는 데 차만한 것이 없다.

정읍은 명실상부 차의 고장이다. 생활이 아무리 각박하고 바쁘더라도 차 한 잔 나눌 수 있는 여유가 있었으면 좋겠다. 차를 마시며 나를 돌아볼 줄 아는 마음이야말로 정읍시민이 누릴 수 있는 특권이자 자부심이라 해도 과언이 아니다. 다가오는 계절, 따뜻한 차 한 잔으로 일상의 향기를 좀 더 고양시켜보면 어떨까 싶다.

구한말 호남 인재양성의 산실, 영주정사와 영학숙

영주정사가 위치한 정읍시 흑암동 현암 마을(속칭 '검은 바우')은 밀성박씨(密城朴氏) 행산공파(杏山公派)와 소감파(小監派) 일족이 집성촌을 이루고 있는 곳이다. 이곳에 찰방 박만환(朴晚煥, 1849~1926)이 세운 영주정사(瀛州精舍, 1903)가 있다. 영주정사는 사당인 영양사와 함께 바작산을 뒤로 서남쪽에 자리하면서 두승산(斗升山)을 마주보고 있다. 전면은 비교적 넓은 마당을 두고 전체적으로 개방감을 주기 위해 출입문을 설치하지 않았다. 영주정사는 산자락에 위치하고 있어 주변 마을과 넓은 들을 한눈에 내려다 볼수 있다. 산자락 주변에는 한때 2,000그루의 전나무가 빽빽한 숲을 이루었으나, 현재는 입구에 두세 그루만이 남아 있을 뿐이다. 우측에는 은행나무와 염주나무가 식재된 작은 화단이 조성되어 있다. 영주정사 아래쪽에는 학동들이 음용수로 이용했을 것으로 보이는 우물이 현재 남아 있다.

영주정사와 영양사의 구조

영주정사는 정면 5칸, 측면 2칸의 팔작지붕 건물로, 강당을 앞에 두고 뒤쪽 높은 곳에 사당인 영양사(瀛陽祠, 1909)를 배치하였다. 전체 구도 상

사당이 오른쪽으로 약간 틀어진 '二'자 형의 구조를 이루고 있다. 들어서면 서당인 만큼 우선 후학들에게 당부하는 글귀가 눈길을 끈다. 조선이 농상(農桑)과 흥학(興學)을 중요한 국가정책으로 삼았음을 알 수 있는 대목이다.

"이 방에 들어오는 자, 정치적인 일을 이야기하지 말고 남의 장단점과 이해득실을 논하지 말며, 오로지 경사(經史)와 의리(義理), 자연[산수, 山水]과 길쌈[상마, 桑麻]만을 이야기할 뿐이다."

이는 공부하는 이들에게 지침이 되는 명구로, 기실은 주자의 경구였다. 또 간재(艮齋)의 스승이라 할 수 있는 우암(尤庵) 송시열(宋時烈)과 전재(全齋) 임헌회(任憲晦)의 출세관(出世觀)이기도 했다. "그 직위에 있지 않으면 정치를 꾀하지 않는다(不在其位 不涉其政)"는 공자의 말과도 상통하는 말이다.

영주정사는 강학공간으로, 방과 대청을 좌우로 구분하였다. 우측 대청은 학생과 스승이 강학과 토론을 하는 교육장으로, 좌측 방은 스승의 거처와 휴식 공간으로 사용하였다. 다만 추운 겨울이나 악천 시는 온돌방인 스승의 방을 강학 공간으로 사용하기도 하였다.

영주정사 뒤쪽의 사당인 영양사에 오르는 계단에는 원래 중문이 설치되어 있었으나 없어진 시기를 알 수 없다. 영양사 기단에는 1.5m 높이에 공경할 '경(敬)'자를 새긴 판석을 좌우측에 넣어 사당에 들어가기 전에 경건한 마음으로 '삼가라'는 주의를 주고 있다.

'경'은 성리학의 수양론의 한 방법으로 마음에 흐트러짐이 없게 하라는 뜻이기도 하지만, 간재가 17세에 그의 아버지로부터 훈시로 받은 '성경(誠

敬)'이라는 두 글자 가운데 하나이기도 했다. 간재는 이때부터 '성경'이라는
두 글자를 마음의 중심이자 학문의 종지로 삼은 것이다.

영양사는 정면 3칸, 측면 1칸의 맞배지붕 건물로, 사당 안쪽은 가벽을
설치하여 세 칸으로 공간을 나누었다. 왼쪽[서쪽]에 기자(箕子)를, 중앙에
공자(孔子)와 안자(顏子)·증자(曾子)·자사(子思)·맹자(孟子) 등 오성을 모시
고, 오른쪽[동쪽]에는 주렴계(周濂溪)·정명도(程明道)·정이천(程伊川)·장횡거
(張橫渠)·소강절(邵康節)·주자(朱子) 등 육현을 배향하였다.

영주정사와 영양사의 보존 실태

영주정사는 등록문화재로 지정되긴 했으나 주련 일부가 도난당했고, 대
청마루보에 걸려 있던 용그림도 도난당한 것을 후손들이 모사본으로 대
체했다. 뿐만이 아니다. 청풍헌(靑風軒)이라는 현판과 방 아랫문 창틀 위에

붙어 있던 백천재(百千齋) 현판도 2010년 문화재 보수 이후 감쪽같이 사라져버렸다. 모두 간재 선생이 직접 쓴 현판이었다. 설립자인 박만환과 동문수학했던 우암의 9대손 심석재(心石齋), 송병순(宋秉珣)이 쓴 백천재기(百千齋記)는 편액을 떼 가려던 흔적이 역력하고, 어진화가 채용신(蔡龍臣)이 그렸을 것으로 추정되는 영양사(瀛陽祠)의 오성육현의 초상[화상]과 영양사 현판도 도난당한 지 오래다. 열두 분의 화상 영정을 모신 사당은 국내는 물론 중국에도 없는 유일한 것이었다. 그나마 흑백사진으로 남아 있어 이것을 다행으로 여기고 있을 정도이다. 화상 영정은 후손들이 추후 복원할 계획으로 있다. 후손과 당국이 손을 놓은 것이 아니라, 우리가 영주정사의 가치를 알기 전에 이미 도난당한 것이다. 다행인 것은 영주정사의 현판과 원본 글씨가 간재 전우의 글씨로 남아 있어 그 가치가 더욱 크다. 글자 아래쪽에 화돈(華遯)이라는 전우의 별호가 쓰여 있다. 화돈은 간재가 계화도(繼華島)에 은둔할 때 사용한 호이다.

민족교육의 구심점, 영주정사와 영학숙

구한말 호남지역 부호의 자제들이 이곳 영주정사에 모여 들었다. 이들은 영주정사 인연으로 만나 인맥을 형성하면서 해방 이후까지 한국현대사에 큰 족적을 남겼다.

설립자인 박만환은 고부군수 조병갑의 파직을 요구하는 상소를 올렸을 뿐만 아니라 동학농민혁명 직전에는 조병갑 축출 자금을 출연하기도 했다고 전해진다. 1894년 1월 초에는 전봉준에게 재부임한 고부군수 조병갑 축출자금 2,000냥을 출연하기도 하였다. 문중에서는 이로 인해 동학농민혁명이 발발하는 계기가 되었다고 그 의의를 부여하고 있다. 을사늑약 후에는 면암(勉庵) 최익현(崔益鉉)에게 여러 차례 자금 지원을 하였으며, 한일병탄(한일강제합방) 후에는 일제의 은사금을 물리치는 글을 쓴 것으로 인해 잠시 북간도로 피신하기도 했다. 1918년 10월에는 고종황제의 중국 망명자금으로 3만 엔을 이회영(李會榮)을 통해 출연했고, 고종황제 붕어 시에는 3년상의 장례를 치르기도 하였다. 3·1독립만세운동이 일어나자 서울역과 광화문의 만세운동에 참여하였으며, 한편으로는 일본 천왕이 내린 은사금 수령을 거부하고, 의친왕 이강의 중국 망명자금을 내놓기도 했다. 일부는 앞으로 더 고증을 요하는 대목이긴 하지만, 그의 성향으로 미루어 볼 때 그 개연성은 충분하다.

그의 아들 박승규(朴升奎, 1894~1925)도 아버지의 영향을 받아 나라가 일제에 의해 강제 병합되자 영주정사에서 공부하던 열한 명의 지사들과 함께 정읍 공평동에 있는 이심정(怡心亭)에 모여 국권을 잃은 것에 대해 대성통곡하고 망국제를 지냈다. 1919년에는 용계동 용계마을에 '승동간이학교'를 설립하고 신학문을 교육하였다. 그는 모든 학교 운영경비를 부담했을 뿐만 아니라 원거리 통학생을 위한 기숙사까지 마련하여 근대교육을 실시하였다. 한편으로는 면암 최익현에게 자금을 지원하고, 아나키스트 백정기 의사의 항일무장투쟁을 직간접으로 돕다 의문의 죽음을 맞았다.

영주정사 인연으로 만난 대표적인 인물 중에는 아나키스트 백정기 의사를 비롯, 인촌 김성수, 근촌 백관수, 어진화가 정산 채용신 등이 있다.

구학문을 마친 백정기 의사와 김성수가 신학문을 익히기 위해 간 곳이 담양 창평의 영학숙(英學塾)이었다. 창평은 그의 장인인 창평갑부 고정주가 사는 곳이었기 때문이다. 고정주는 근대학문을 교육하기 위해 영학숙[上月亭]을 마련하고, 이를 확대해서 창흥의숙[뒤에 창흥학교]으로 개편한 뒤 한

문, 국사, 영어, 일어, 산술 등 당시로서는 신학문을 가르쳤다. 영주정사와
마찬가지로 설립자인 고정주가 학교운영 경비 일체를 부담했다.

　창흥의숙(영학숙) 인연으로 만난 사람들은 고하 송진우를 비롯, 초대 대
법원장 김병로, 무등양말 창업자인 매하 양태승, 호남은행 설립자 현준호,
영암에 학파농장을 세운 김시중 등이 있다.

　정리하면 박만환이 세운 영주정사와 고정주가 설립한 영학숙은 호남지
역의 구학문과 신학문을 대표하는 교육기관으로, '호남인재 양성의 산실'
이었다고 할 수 있다.

정읍을 상징하는 우물과 담쟁이덩굴의 생명력

신라 시조 박혁거세의 왕비인 알영부인은 알영정(閼英井)이라는 우물에서 태어났다. 박혁거세 역시 우물인 나정(蘿井)에서 태어났다. 나정은 말 그대로 '담쟁이덩굴'이 있는 우물이다. 담쟁이덩굴은 환경 친화적인 식물로, 공기정화 기능이 뛰어난 것으로 알려져 있다. 따라서 이 식물이 자라는 곳은 오염되지 않은 청정지역을 의미한다. 연구자들은 이 우물에서 알이 나왔으니 우물은 '생명의 탄생지'를 의미한다고 보고 있다. 이는 물이 가지는 '생명력'이라는 상징성에서 비롯된 설화일 것이다. 이런 점으로 비추어 본다면 담쟁이는 우리 정읍과 떼려야 뗄 수 없는 관계에 있다는 것을 알게 된다.

이 글을 쓰는 이유는 정읍이 생명력을 상징하는 우물과 공기정화 작용이 뛰어난 담쟁이덩굴을 통해 청정도시라는 이미지가 형성되었으면 하는 바람에서이다.

관련해서 정읍역사문화연구소 건물 외벽에 담쟁이덩굴이 매년 뻗어가고 있다. 웬만한 바람에도 끄떡하지 않는 담쟁이를 통해 나는 강한 생명력을 느낀다. 단풍 드는 계절에는 가을의 정취가 물씬 묻어난다. 그런데 담쟁이의 특성 상 나무나 시멘트를 파고 들어가는 성질이 있는 관계로 왜 심었느냐는 질문을 가끔 받게 된다.

그래서 왜 심었는지 이 글로 답을 대신한다. 필자는 한쪽 무릎에 연골이 없어 오래 걷지 못한다. 그런데 담쟁이덩굴차를 꾸준히 마시면 관절의 통증과 근육통을 완화하는 데 도움이 된다는 사실을 얼마 전에 알게 되었다. 뿐만 아니라 담쟁이덩굴차는 골절을 치료하고, 당뇨병을 개선하며 혈액순환, 항산화 효과가 있다고 알려져 있다.

이러한 실제 효과 이외에도 담쟁이는 이빨 같은 빨판(덩굴발톱)으로 흡착물질을 분비하면서 벽면을 콘크리트처럼 강력하게 접착시킨다. 그리고선 가고 싶은 만큼 자신의 줄기를 뻗어나간다. 담쟁이를 식물계 '스파이더 맨'이라 칭하는 이유가 바로 여기에 있다. 나는 담쟁이를 볼 때마다 그 질긴 생명력을 통해서 생명에 대한 경외감 같은 것을 느낀다. 그래서 나는 속된 비유로 담쟁이라 쓰고 이를 '희망'으로 읽는다. 시인 도종환은 "… 저것은 넘을 수 없는 벽이라고 다들 고개를 떨구고 있을 때 담쟁이 잎 하나가 담쟁이 잎 수 천 개를 이끌고 그 벽을 넘는다"고 예찬했다. 시인 최낙운도 담쟁이의 생명력에 착안하여 이렇게 노래했다. "거센 비바람이 몰아쳐도, 목말라 온몸이 비틀어져도 주춤거리지 않고 간다. 낫으로 목을 자르고 아무리 짓밟아도 남은 뿌리로 다시 살아 멈추지 않고 간다." 모두 담쟁이를 통해 강한 생명력과 선구자적인 모습을 본 것이다. 이유는 또 있다. 아래로 뻗지 않고 오로지 위로만 뻗는 담쟁이의 성질을 통해 나는 한 길만을 생각한 것이다. 그 이미지에 걸맞게 학문연구에만 정진하면서 지역사 연구의 선구자가 되자는 내 자신과 약속을 담쟁이를 볼 때마다 상기시키고자 하는 생각에서였다.

'청라언덕'이라는 노래가 있다. 실제로 푸른[靑] 담쟁이덩굴[蘿]이 우거진

대구의 언덕을 소재로 만들어 진 노래다. 노산 이은상의 노랫말에 대구 출신 작곡가 박태준이 곡을 붙인 것이다. '대구의 몽마르트 언덕'으로 불린지 이미 오래다. 가을이면 담쟁이덩굴이 빨갛게 물드는 단풍명소로도 유명한 곳이다.

담쟁이덩굴은 오래된 고색창연한 건물에 한껏 어울린다. 오랜 역사를 간직한 역사문화도시 정읍시에는 담쟁이가 도시의 역사만큼이나 중후함을 더해 줄 것이다. 나 혼자만의 생각이다. 오래지 않아 우리 연구소에도 그리고 정읍시 청사건물 외벽에도 담쟁이덩굴로 뒤덮여 노을빛에 반사되는 주황빛깔의 아름다운 단풍잎을 가만히 상상해본다.

정읍을 노래하다

막걸리를 부르는 권주가, 정극인의 상춘곡

가사문학의 효시인 불우헌(不憂軒) 정극인(鄭克仁)의 「상춘곡(賞春曲)」의 일부 내용이다.

紅塵(홍진)에 뭇친 분네 이내 生涯(생애) 엇더ㅎ고. 녯 사름 風流(풍류)를 미츨가, 못 미츨가 …… 아춤에 採山(채산)ㅎ고, 나조히 釣水(조수)ㅎ새. ㄱ 괴여 닉은 술을 葛巾(갈건)으로 밧타 노코, 곳나모 가지 것거, 수 노코 먹으리라. …… 樽中(준중)이 뷔엿거든 날ㄷ려 알외여라. 小童(소동) 아히ㄷ려 酒家(주가)에 술을 들어….

상춘곡은 고운(孤雲) 최치원(崔致遠)의 풍류(風流)와 관계가 있다. 첫 구절의 "옛 사람 풍류를 미칠까 못 미칠까"라는 표현은 최치원의 풍류를 지칭한 것이다. 술을 머리에 쓰는 갈건[두건]에 받친다 했으니 불우헌 정 선생이 마신 것은 막걸리였을 것이다. 상춘곡은 막걸리를 부르는 권주가 같은 느낌으로 다가온다. 술이 익으면 갈건을 벗어 술을 거른 다음 꽃나무 가지 꺾어 놓고 막걸리 한 잔을 마시는 정경이 눈앞에 그려진다. 정읍은 물이 좋은 곳이다. 술맛의 80%는 물이 좌우한다. 그래서 정읍은 술맛이 좋을 수밖에 없다. 포천의 이동막걸리가 유명한 것도 이곳의 백운산 골짜기의 물맛이 뛰어나기 때문이다. 그래서 지자체에서는 '물의 도시'를 표방하고 있다. 남원에도 오래전부터 샘이 있었다고 하는 '고샘' 골목에 막걸리집이 모여 있었다.

막걸리는 '농주'이자 '노동주'이다. 그래서 농경문화와 밀접한 관련이 있다. 내륙 산간지방보다 평야지대인 전라도와 관련이 깊을 수밖에 없다. 실제로 남쪽에서 막걸리를, 북쪽에서 소주를, 중부 이북에서 청주를 즐겨 마신다.

2009년 일본에서 막걸리가 유산균과 식이섬유를 포함하고 있는 웰빙주이자 건강주의 이미지로 알려지면서 한국에서도 막걸리 열풍이 일기 시작했다. 하지만 아직도 막걸리는 자국 내에서 소비량으로 친다면 주류 중 막내 신세를 면치 못하고 있다. 기껏해야 지역 축제에서 막걸리를 소비하는 정도로 인식되어 있다. 그러던 차에 정읍의 문화적 상징성 확장 사업의 일환으로 풍류(風流)가 조명되면서 지역 막걸리가 다시 관심을 끌게 되었다. 풍류를 즐기는 데 술[막걸리]이 빠질 수 없기 때문이다. 여기에 더해 지역 전통산업인 술·차(쌍화차·녹차)·떡·면[직물]을 중심으로 한 특화사업이 진행되고 있다.

정읍 막걸리 맛에 빠지다

전라도 사람들은 맛 칭찬에 참 인색한 편이다. 정읍도 마찬가지다. 웬만한 음식에는 맛있다고 하지 않는다. 그저 '먹을 만하다'고 한다. 줄서서 먹는다는 솜씨만두, 볶음짬뽕, 간장게장이나 떡갈비, 동진강민물매운탕도 그렇고, 쌍화차도 그렇다. 외지 사람들은 그렇다고 그걸 곧이곧대로 받아들이면 안 된다. 전라도 사람들은 나름 뛰어난 미각(?)을 가지고 있다고 자부하기 때문이다. 거칠게 이야기하면 맛에 대해서는 좀 '까탈스럽다'는 표현이 적절한 것 같다. '먹을 만하다'는 것은 '맛있다'는 말인 셈이다. 아마도 맛있는 게 너무 많기 때문에 생긴 표현이 아닐까 생각한다.

막걸리도 마찬가지다. 현재 정읍에서 10개가 넘는 막걸리와 약주가 생산되고 있다. 전국의 어느 한 지역에서 이렇게 많은 가지 수의 막걸리가 생산되고 있는 곳이 있을까. 무형문화재 송명섭이 자신이 직접 재배한 국내산 쌀을 원료로 누룩을 빚어 만드는 송명섭막걸리를 비롯, 누룩명인 한영석이 만드는 한국 전통누룩과 정읍에서 생산하는 쌀, 깨끗한 물로 90일간 발효와 숙성을 거치는 프리미엄 삼양주(세 번 빚는 술) 월탁, 16.5도의 약주 오양주 서래연, 누룩을 직접 띄워 만드는 북면막걸리와 산외막걸리, 그리고 쌀을 주원료로 구절초와 호박농축액으로 빚는 구절초(호박)막걸리, 2018~2019년 청와대에 납품된 신태인막걸리, 밀막걸리 특유의 걸쭉한 맛을 자랑하는 옹동막걸리, 막걸리 마니아들이 즐겨 찾는 입암막걸리, 한때 용인민속촌에서 판매되었던 토속막걸리 맛을 재현한 정우(초강)막걸리와 지역의 특산물을 활용한 쌍화차막걸리와 귀리막걸리 등이 그것이다. 이런 정도의 이력이라면 '이름은 지역구이나 명성은 가히 전국구'라 할 만하지 않겠는가.

지역에서 생산되는 이들 막걸리는 제각기 독특한 맛과 향을 지니고 있어 다른 지역에서도 큰 호응을 얻고 있다. 이는 물맛이 좋기 때문이지만, 술을 빚는 노하우가 오랫동안 축적된 결과이기도 하다. 그럼에도 정작 본고장에서는 크게 환영받지 못하는 게 현실이다. 막걸리 소비가 주는데도 그간 양조장이 버틸 수 있었던 것은 수익을 따지지 않고 술을 빚어 온 양조업자들의 장인정신 때문이다.

막걸리는 물이 함유하고 있는 성분에 따라 맛이 달라지기도 한다. 물은 칼륨과 마그네슘 등 미네랄이 적은 단물(연수)과 상대적으로 미네랄이 많은 센물(경수) 등에 따라 막걸리 맛이 달라진다. 센물을 사용했을 경우, 발효가 잘 이루어지고 톡 쏘면서 묵직한 맛을, 단물의 경우 달고 부드러운 맛을 내기 쉽다.

이러한 점에 착안하여 최근에는 귀갑약수와 가바현미쌀로 빚은 막걸리가 개발되어 시판되고 있다. 맑은 술만을 걸러낸 일종의 청주로 박일호 사장은 귀갑수막걸리 대신 '귀갑수 와인'이란 명칭을 고집하고 있다. 가바현미(GABA: Gamma-Amino Butyric Acid)는 아미노산의 한 종류로 성인병 예방과 콜레스테롤 제거 및 당뇨병 개선, 고혈압 등 성인병 예방에 좋은 것으로 알려져 있다. 귀갑수막걸리는 누룩 냄새가 적어 여성들이 선호하고 있다. 뒷맛이 개운하고 숙취가 없어 좋다. 알코올 7도의 낮은 술이라 취기가 은근하면서도 서서히 올라오는 전통주의 특징이 있다. 가바현미쌀을 주원료로 빚어 다이어트에도 좋다. 이밖에 북면 내장산복분자영농조합에서 생산되는 내장산복분자주가 인기리에 판매되고 있다. 마셔보지 않고 들리는 이야기만으로 맛을 논해서는 안 된다.

정읍을 상징하는 술, 막걸리
- 김재영 작사/ 유종화 작곡/ 김주희·유종화 노래

막걸리 서민의 술 소통의 술, 나눠 보세
막걸리 화합의 술 정읍을 상징하는 술

막걸리 북면막걸리 산외막걸리, 한 잔 하세
막걸리 입암막걸리 아무튼 정읍 막걸리

막걸리 평등의 술 민족의 술, 나눠 보세
막걸리 동학의 술 정읍을 상징하는 술
막걸리 옹동막걸리 초강막걸리, 마셔 보세
막걸리 신태인막걸리 아무튼 정읍 막걸리

막걸리 웰빙의 술 건강의 술, 나눠 보세
깊은 그 맛 알게 되면 평생을 함께 하는 술
막걸리 쌍화차막걸리 구절초막걸리, 취해 보세
막걸리 송명섭막걸리 아무튼 정읍 막걸리

 쌍화차 거리를 포함하는 구도심에 막걸리 거리를 조성한다는 계획이 발표되었다. 시민들의 입을 통해서, 또 막걸리 한잔을 마시고 흥얼거리는 방문객들의 막걸리 노래 소리가 울려 퍼지기를 기대해본다.

겸손하지 못하면 들어오기 어려운 막걸리 모임, 주립대학과 국사모

막걸리(莫乞里)는 우리나라 전통술이다. '서민의 술'이자 '노동주'이다. '화합과 소통을 상징'하는 술이자 반계급적, 평등지향적 술이기도 하다. 필자는 막걸리를 즐기기도 하지만 동학농민혁명의 발상지인 정읍에서 가장 애용해야 할 술이 바로 막걸리라는 결론을 내린 지 이미 오래다. 그래서 전국 200여 개의 막걸리를 마셔보고 「지역막걸리의 가치제고와 막걸리 산업의 진흥방안」(2018)이라는 논문을 발표했고, 정읍 막걸리를 예찬하는 노래도 만들었다. 또 내로라하는 막걸리꾼들을 모아 주립대학(酒立大學, 2018)을 만들었다. 그것도 모자라 별도의 모임을 만들어 달라는 이야기가 있어 누룩을 사랑하는 모임이라는 뜻의 국(麴)사모(2021)를 다시 만들었다.

막걸리 모임에는 무형문화재인 방짜유기 명인과 감식초 명인을 비롯해서 약주와 탁주 동시 면허가 있는 발효전문가, 산야초 전문가, 법조계, 경영인, 신문과 방송기자(언론), 시인과 문필가, 교육, 경찰, 역사문화, 조각, 디자인, 행정, 의료, 종교, 사업가, CEO 등 정말 다방면에 있는 사람들이 막걸리 하나로 뭉쳤다. 그냥 단순히 먹고 마시는 모임이 아닌, 연수와 토론, 답사 및 견학, 시음, 막걸리 빚는 체험, 막걸리 강의, 막걸리 축제 기획,

선술집 투어, 통합브랜드의 개발, 막걸리 소비 촉진 및 막걸리 홍보, 막걸리 산업의 진흥방안 등을 연구하고 있다.

궁극적으로는 전라북도 14개 시·군 지역에 주립대학 캠퍼스를 신설하여 서로 왕래하고 문화교류를 확장하는 데 있다. 이미 무주에 '목요정담'이라는 막걸리 모임 겸 주립대학 지부가 설치되어 2020년에는 무주리조트에서 연수 겸 답사를 하였다. 이 모임을 주관하는 이가 바로 전 무주교육장으로 계시던 장성열 시인이다. 막걸리꾼답게 그의 시집 『파파실』(2021)에는 막걸리의 미학이라는 제하의 시가 두 편 실려 있다. 나는 그의 막걸리 시를 읽으면서 시인의 인간적인 면모를 같이 본다. 막걸리 모임에는 겸손하지 못한 사람은 들어오기 어렵다. 그에 걸맞게 그의 언행은 평소 격식을 갖추지 않았는데도 겸손과 품격이 자연스럽게 묻어 나온다.

넝매 죽산안씨 집안의 막걸리 이야기, 종덕상(種德床)

정읍에 막걸리와 관련된 훈훈한 이야기가 전해지고 있어 여기에 소개하려 한다.

속칭 '넝매(진산리/과교동)'에서 태어난 역사학자 안후상(安厚相/사단법인 노령역사문화연구원장) 박사는 주역(周易)에 밝았던 할아버지 안필승과 아버지 석우에 관한 이야기를 필자에게 이렇게 전해주었다. 이 내용이 한때 지역신문에 실리기도 했다. 안필승은 걸인도 귀한 손이라며 먼 길을 걸어 온 이들에게 문간채가 아닌 사랑방에 밥상을 차려주었다. 이렇게 차려진 밥상을 집안에서는 '종덕상'이라 했다 한다. 덕(德)의 씨앗을 뿌린다는 의미의 종덕인데, 사람들은 이를 일러 '중덕'이라 불렀다. 안필승의 아들 석우는 아버지의 이 같은 선행을 본받아 시내에 중앙양조장을 운영하면서 하루도 빠짐없이 종덕상을 차렸다. 무일푼이던 객들이 중덕상에서 막걸리를 마시고 힘겨운 세상살이를 달래곤 했다는 미담이다.

시내 중심가에 도시재생사업이 활발히 진행되고 있다. 정비되면 중앙양조장이 있던 옛날 정읍극장 근처에 중덕상을 재현해 봄직하다. 이를 계기로 나누고 베푸는 문화가 확산되기를 기대해 본다.

끝으로 독자들은 '막걸리의 날'이 있다는 것을 아는가? 2011년 농림수산식품부에서 매해 10월 마지막 목요일을 '막걸리의 날'로 지정하였다. 10월 셋째 주에 출시되는 프랑스의 '보졸레 누보'에서 힌트를 얻은 것이다. 우리도 10월에 첫 수확한 햅쌀로 막걸리를 빚어보자는 의도에서였다. 그래서 주립대학(초대학장 이수천)과 국사모(국두 최낙운)의 모임이 10월 25일과 마지막 주 월요일에 있다. '막걸리의 날'이 제정된 지 벌써 10년이 지났다. 이 글을 쓰는 날이 마침 2021년 10월 31일이다. 이제 가수 이용의 '10월의 마지막 밤'만을 기억할 일이 아니다. 10월의 마지막 주 목요일, 고달픈 우리네 삶의 애환을 막걸리를 마시면서 달래보자.

왜 음악을 '인문학의 완성'이라 하는가

without music, life is disaster

정읍은 인문관광도시를 표방하고 있다. 자체적으로는 한국 최고의 인문도시라 자부하고 있다. 그런데 그런 만큼 시민들의 인식과 자부심이 수반되는지는 의문이다.

필자는 2016년부터 2019년까지 4년 동안 정읍시 평생학습관에서 역사인문학을 강의했다. 이 기간 동안 오피니언 리더에 해당하는 200명이 넘는 지역 인사들이 호응할 만큼 시민들로부터 좋은 반응을 얻었다. 수료 후 인문학을 연구하는 모임을 결성하자는 이들이 많아 50여 명으로 구성된 인문학동인회(회장 강광)가 만들어져 현재 활동하고 있다.

그런데 강의하는 과정에서 음악을 '인문학(人文學)의 완성'이라고 하면 의아해하는 사람들이 많다. 문(文)은 학문·예술·문화를 통칭하는 말로 무(武)와 대비되는 말이다. 이와 같이 인문이란 한자가 말해주듯이 인문학이란 인간이 남긴 흔적을 연구하는 학문이니만큼 음악과 미술이 포함되는 것은 당연할 터이다. 이쯤 되면 궁중음악인 '수제천(정읍)'의 본고장이라는 주장이 무색해진다.

위키백과에 따르면 "음악은 인간의 정신과 밀접히 닿아 있는 예술로, 인간의 고도의 이성과 감성의 조화의 산물이기 때문에 음악과 음악의 역사, 음악을 통해서 본 역사에 대한 탐구는 인문학에서 필수적인 것"이라고 설명하고 있다. "그렇기 때문에 음악사학은 음악과 음악의 역사를 연구하는 학문으로, 동서양에서는 가장 오랜 역사를 지닌 학문이 된 것"이라고 정의 내리고 있다.

음악을 오래 듣다보니 남들 눈에는 내가 전문가로 보이는 모양이다. 하지만 사실이 아니다. 그저 음악을 좋아할 뿐이다.

불멸의 베토벤

클래식 음악에 입문하는 사람들로부터 종종 질문을 받는다. 명곡 중에 한 곡만 꼽으라면 어떤 것을 추천할 수 있느냐 하는 소박한 질문이다. 내겐 감당하기 어려운 질문이지만 정말 내가 좋아하는 음악이 무엇인지, 그 하나를 추천하기 위해 어설프지만 고민하기 시작했다. 결론부터 이야기하면 한때는 천재음악가 모차르트(1756~791)에 대한 막연한 동경이 있었으나 나이가 들면서 역시 베토벤(1770~1827)이라는 생각이 앞선다. 이는 내 주관적인 생각일 뿐이다.

베토벤 이전의 바흐(1714~1788)와 헨델(1685~1759), 모차르트와 하이든(1732~1809)도 위대한 예술가였다. 그러나 베토벤 이전에는 그 어떤 음악가도 예술가로 불리지 못했다. 관련 서적을 보면 사람들이 그렇게 말하기 시작한 것은 베토벤 이후였다.

베토벤은 19~20세기 독일 음악학자들에 의해 음악사상 최고봉, 음악의 완성자, 악성(樂聖)으로 추앙받았다. 그가 서양 고전음악의 기본인 소나타(sonata) 형식을 완성했고, 그 전형인 교향곡을 완전한 것으로 만들었다는 평가는 여전하다.

베토벤은 총 9개의 교향곡을 남겼다. 그 중 널리 알려진 것이 표제음악(Program Music)에 해당하는 3번 영웅, 6번 전원, 9번 합창이다. 하지만 전문가들의 평가는 이와 다르다. 한 해를 보내면서 가장 많이 듣는 음악, 연말에 가장 많이 연주되는 음악이 '합창'이다. 사람의 목소리를 교향곡에 처음으로 도입한 것으로, 2002년에는 세계기록유산으로도 지정되었다. 『베토벤 평전』을 보면 베토벤은 이 곡을 지휘하고 난 뒤 "온 세상이 이 위대한 음악을 들었는데, 나만 듣지 못했다"고 혼잣말을 했다. 프랑스에서는 합창을 '인류의 마르세예즈', 5번 운명과 7번 교향곡을 '영웅의 마르세예즈'라고 불렀다.

합창에 대한 이러한 평가에도 불구하고 기법상의 구성과 전개가 5번 운명과 비슷한 7번을 꼽는 평론가들이 의외로 많다. "7번은 높은 곳으로 등반을 나타내고, 8번은 다 올라갔을 때 정상에서 느끼는 행복한 상태를 나타낸다"고 본 평론가도 있다. 리스트(1811~1886)는 생명력 넘치는 7번을 '리듬의 화신'이라 했고, 바그너(1837~1930)는 '무도의 화신'이라 평했다. 8번은 베토벤 자신이 '작은 교향곡'이라고 불렀듯이 7번에 비해 규모가 작은 편이지만, 그의 교향곡 중 가장 경쾌한 곡이다.

완당(緩堂)이 추천하는 명곡 명연주

Ludwig Van Beethoven(1770~1827) Symphony Orchester No.6 Op.68

Bruno Walter(1876~1962), Columbia Symphony Orchestra[CBS]

마음이 심란할 때가 있다. 이처럼 마음이 좀처럼 진정되지 않을 때 나는 가끔 베토벤의 '전원교향곡'을 듣는다. 필자가 '전원'을 즐겨 듣는 것은 이

음악이 경쾌하면서도 리드미컬하고 안정적이기 때문이다. 들을 때마다 왜 '악성(樂聖)' 베토벤이라 했는지 조금은 이해가 된다. 베를리오즈(1803~1869)는 전원교향곡이야말로 베토벤의 작품 중에서 가장 아름다운 작품이라고 극찬했고, 이 작품을 면밀히 연구하여 표제음악을 더욱 발전시켰다.

전원교향곡은 1악장 전원에 도착했을 때의 상쾌한 기분, 2악장 시냇가의 정경, 3악장 시골 사람들의 즐거운 모임, 4악장 자연의 성난 모습, 뇌우[雷雨], 5악장 목동의 노래, 폭풍우가 지난 뒤의 감사와 기쁨으로 구성되어 있다.

'전원'은 베토벤의 자연에 대한 사랑을 음악으로 표현한 교향곡이다. 특히 2악장에서 악기를 통해 생생하게 묘사한 자연의 모습은 실제를 보는 것 같은 감동을 준다. 끝부분[코다]에 연주되는 새 울음소리는 플루트가 꾀꼬리를, 오보에가 메추리를, 클라리넷이 뻐꾸기를 묘사한 것이다. 3악장부터 5악장까지는 쉬지 않고 연주된다.

전원교향곡은 흔히 후르트뱅글러(1886~1954)와 카라얀(1908~1989)이 지휘한 레코드를 명반으로 꼽는다. 대자연을 연상시키는 후르트뱅글러의 연주는 웅장한 스케일과 역동적인 힘이 느껴지긴 하지만, 왠지 전원의 서정적인 이미지와 매치되지 않는 것 같다. 카라얀의 연주는 약간 빠른 템포의 연주가 개인적으로는 맞지 않는다. 다들 맛있다고 해도 내 입맛에 맞지 않는 음식이 있듯이 세계적인 지휘자라 해도 내 취향에 맞지 않는 것은 어쩔 수 없는 일이다.

이에 반해 브루노 발터(1876~1962)의 연주는 섬세하고 따뜻하다. 평론가들의 말을 빌리면 발터는 시인 같은 지휘자였으며, 선의와 자애에 넘친 인격자였다. 특히 그의 스승이었던 말러(1860~1911)의 음악 해석에 뛰어났으며 음악에 따뜻한 피를 통하게 한 지휘자였다.

'김재영, 정읍을 노래하다' 제작 뒷이야기

Thank God I'm a Country Boy

　　지난 30년 동안 지역의 역사를 공부하고 연구하면서 언젠가는 지역의 역사문화를 가사로 정읍을 노래하고 싶었다. 필자는 가사문학의 산실, 태산선비문화권의 중심인 칠보에서 나고 자랐다. 태어난 곳은 무성리 347번지로 무성서원과 가까이에 있고, 자란 곳은 단종왕비인 정순왕후 태생비와 용계서원이 있는 동편마을이다. 마을 입구에는 최치원 선생이 풍류를 즐겼던 유상대 터에 감운정(感雲亭)이 있고, 이웃 500년 전통의 향약마을 남전(藍田)에는 임진왜란 당시 조선왕조실록과 어진을 내장산으로 옮긴 안의와 손홍록을 모신 사당 남천사(藍川祠)가 있다.

　　세계유산 무성서원이 있는 원촌마을과 단종왕비 정순왕후가 태어난 동편마을, 그리고 향약마을 남전은 태산선비문화의 중심이 되는 곳이다. 태산의 선비문화는 영남 안동의 선비문화와 대비되는 곳으로 각각 나라의 동쪽과 서쪽의 선비문화를 대표하는 곳이다.

　　돌이켜 생각해보니 역사학을 전공하게 된 것도 성장기의 이러한 주변 환경과 역사적인 배경이 내게 알게 모르게 영향을 끼친 것 같다.

음반 제작 동기

필자가 음반을 제작하게 된 동기는 2000년으로 기억된다. '보기만 하면 낫는다'는 최영단 여사의 아들 박문기 선생이 운영하는 백학농원에서 가수 한치영을 우연히 만났다. 수염을 잔뜩 기른 도인 같은 풍모에서 알 수 없는 매력이 느껴졌다. 이때 지인을 통해 건네받은 것이 '아, 해남'이라는 CD였다. 노래를 듣고서야 그의 고향이 해남이라는 것을 알게 되었다. 음반에는 주로 자연과 생명을 노래하는 곡들로 채워져 있었다.

그는 국민대학교 경영학과를 나와 한때 청와대에서 근무한 독특한 이력을 지니고 있었다. 그럼에도 그는 주어진 권력을 마다하고 자연과 생명을 노래하는 가수의 길을 선택한 것이다. 그는 또 1982년 강변가요제에서 금상을 수상할 정도의 뛰어난 가창력을 인정받았으면서도 기성가수의 길을 걷지 않았다. 내게는 그것이 참 대단한 배짱과 신선한 매력으로 다가왔다. 여기에다 그의 기타연주 실력과 고향을 사랑하고 그리워하는 애틋한 마음이 나를 감동케 만들었다. 지금은 지리산에 살면서 오카리나를 연주하는 아들 한태주(아들이 작곡한 '물놀이'라는 곡이 KBS '걸어서 세계 속으로' 프로그램의 주제곡으로 사용되었다)와 음악활동을 함께 하고 있다.

나는 이때 이 곡을 들으면서 언젠가는 지역의 역사문화를 노래로 입히는 작업을 해야겠다는 생각을 한 것이다.

제작 과정

2020년 10월 어느 날, 오래전부터 마음속으로만 벼르고 있던 음반제작을 이제 더 이상 미뤄서는 안 되겠다는 생각이 문득 떠올랐다. 역사노래를 만들어야겠다고 생각한 지 그로부터 꼭 20년이 지났다. 저녁 늦은 시간임에도 불구하고, 평소 가깝게 지내던 작곡가에게 전화를 걸어 도와 줄 것을 당부했다. 그렇게 해서 시작된 음반작업은 2개월에 걸친 작사를 끝내고, 여기에 곡을 붙이고, 이어 프로듀서(연출자)와 편곡자를 찾아 음반 제작이 착착 진행되는 듯했다.

하지만 작업은 간단치 않았다. 작사는 필자가 했으니 그렇다 치고 작곡, 편곡, 연주, 가수 섭외와 선정, 녹음, 미디, 믹싱, 코러스, 마스터링까지 최소 10단계를 거치는 작업이었고, 편곡이 마음에 들지 않으면 편곡과 녹음을 다시 해야 하는 일이 생겼다. 이어 앨범에 들어갈 사진이며 자켓 디자인, 속지 정리 등등 그만큼 음반제작은 사람들이 생각하는 것보다 훨씬 힘들었다.

필자가 노래한 '녹두꽃 피던 그 자리'만 해도 5개월 동안 연습이 이어졌다. 어떻게 하면 녹두장군을 생각하는 애틋한 마음이 묻어 나올까, 그리고 칼바람 부는 배들평야에 서 있는 자신의 모습이 마치 눈앞에 그려지듯이 할 수 있을까를 끊임없이 고심하면서.

노래, 이렇게 하면 누구나 잘 할 수 있다

노래에서 가장 중요한 것은 무엇보다도 가사를 정확하게 전달하는 일이다. 그래서 노래 부르는 일이 본업인 사람들에게는 단음과 장음에 대한 구분까지 엄격하게 요구한다. 요즘 젊은 가수들이 부르는 노래는 가사를 직접 보지 않으면 좀처럼 알아들을 수 없다는 점을 생각하면 바로 수긍이 가는 이야기다. 아울러 첫 소절의 시작에 강박이 있다. 기교를 부리지 말라, 그러면 노래가 오래 못 간다. 아마도 멋을 부리기 위해 혀를 굴리는 것을 지적한 것으로 보인다. 아마추어가 왜 가수처럼 부르려고 하느냐, 자신감을 가져라, 충분히 호흡하라. 이는 가장 기본적인 것이지만 어떻게 보면 아마추어에게는 가장 어려운 부분일 수도 있다. 코로 숨 쉬지 말고 입으로 쉬어라, 그때까지 내 자신이 코로 숨 쉬면서 노래하는 걸 몰랐다. 녹두꽃 피어나던 그 자리에서 '그 자리'는 책을 읽듯이 하라 등등. 특히 음의 강약의 변화와 힘 조절이 있어야 노래를 잘하는 것으로 생각했으나, 그게 아니었다. 이 노래의 정서상 맞지 않는다는 이유였다. 그렇게 원포인트 레슨을 간간히 받으면서 녹두꽃 부르기를 족히 천 번은 더 했을 것이다. 그럼에도 불구하고 막상 녹음스튜디오에 들어가니 멀쩡하던 몸이 갑자기 얼어붙는 듯했다. 헤드폰을 끼니 아무 소리도 들리지 않았다. 사실은 그래야 노래할 맛이 나는데도 그때는 몰랐다. 순간 아무 생각이 없었다. 그러니 연습할 때와 같은 자연스러운 느낌과 감정이 묻어나올 리 없었다. 남들은 모른다. 지금 마스터링한 노래를 들을 때마다 녹음현장에서 마음대로 되지 않던 안타까운 내 목소리를 나는 듣는다.

노래란 도입부의 두 소절이 전체를 결정하게 되어 있다. 이 부분을 어떻게 살려 나가느냐에 따라 그 노래의 생명이 달려 있다 해도 과언이 아니다. 가장 어려웠던 부분이 바로 노래가 시작되는 이 도입부였다. 물론 여운을 남기는 마지막 부분이 중요하지 않다는 이야기가 아니다. 아마추어 입장에서는 노래의 전 과정이 어렵기 마련이다.

느리게 나지막이 부르는 노래에 감동이 있다

1970년대 별로 아름다울 것 없는 목소리로 마치 읊조리듯 잔잔하게 노래하던 김민기나, 마치 이야기하듯 노래하는 산울림 같은 가수 모두 한편의 시를 읊거나 책을 읽듯 노래하는 저음가수들이었다. 가창력이 있는 것도 아닌데 그들만이 가지고 있는 저음의 독특한 매력과 가사가 전달해주는 메시지가 당시 대중을 사로잡았다. 특히 산울림이 담담하게 이야기하듯 부르는 노랠 듣고 있으면 진한 감동이 느껴진다. 가수의 정서가 그대로 내게 전달되기 때문이다. 이제야 비로소 노래에 '정서'를 입히지 않으면 감동을 줄 수 없다는 사실을 깨달았다. 노래란 게 꼭 내지르지 않아도 그리고 클라이맥스가 없어도 충분히 감동을 줄 수 있다. 또 이런 노래가 오래 간다는 사실을 깨닫게 된 것이다.

같은 논리로 클래식 음악에서 교향곡이든 협주곡이든 백미는 2악장 '아다지오(adagio)'에 있다 해도 과언이 아니다. '아다지오'는 느리고 평온하고 조용하다는 뜻이다. 대부분 2악장에 느리면서 절제된 감정이 녹아들어 있고, 거기에 슬프면서도 아름다운 곡조가 가슴을 저미게 하기 때문이다. 느린 것은 모두 아름답다고 하면 지나친 말일까.

자신만의 음색으로 부르는 것이 가장 매력적이다

녹음에 앞서 무엇보다도 내게 용기를 주었던 건 대형가수인 최백호도 학창시절엔 음치였다는 것과 세계적인 연주자 야니(Yanni)는 어렸을 적 악보를 몰랐어도 그의 머릿속에는 항상 음악이 들렸다는 사실이다. 나는 악보를 잘 모른다. 하지만 내게도 앞으로 이런 영감이 떠오른다면 언제든 작곡에 도전해 볼 것이다. 캐나다 출신 가수 레너드 코헨(Leonard Cohen)의 목소리는 흉내 내기조차 어려운 저음과 독특한 음색이 매력이다. 그의 노래를 들으면서 내게도 나만이 갖는 음색이 있을 것이라는 생각을 하게 되었다. 결국 노래란 누군가의 흉내를 낼 필요가 없는 나만의 음색으로 하는 것이란 결론을 내리게 된 것이다.

세상은 혼자 사는 게 아니고 더불어 사는 것

모든 일이 다 그렇듯이 제대로 된 곡 하나를 만들기 위해서 우리 눈에 보이지 않는 이렇게 많은 과정을 거친다는 것을 새삼 알게 되었다. 이제야 노래를 어떻게 해야 하는지, 또 모든 노래가 질러대는 것만이 능사가 아니고, 또 노래방에서 노래를 잘하는 이들이 왜 가수가 될 수 없는지에 대해서도 알게 되었다.

작곡가와 프로듀서 두 분의 고뇌에 가까운 작업 끝에 만 1년만인 2021년 10월 15일 음반이 출시되었다. 음반 출시를 전후로 한국음악저작권협회에 작사가와 가수로 등록도 마쳤다. 작사는 글을 잘 쓴다고 해서 되는 게 아닌 음악 쪽에 가까운 분야이다. 작곡보다 결코 쉬운 것이 아니다. 아무튼 등록을 권유하는 작곡가의 도움이 없었더라면 이 역시 상상할 수 없는 일이었다.

살면서 이렇게 가치 있고 소중한 경험을 할 수 있었던 것은 과보(果報)를 바라지 않고 도와 준 두 분과 제작진, 그리고 함께해 준 분들이 있었기에 가능한 것이었다. 특히 음반 제작 취지를 알고 스스로 개런티를 낮추고 오히려 나를 격려해주면서 노래해 준 가수들에게도 그 고마움을 글로써 대신한다. 세상은 생각보다 좋은 사람들이 많이 있다. 이런 사람들 때문에 세상은 훨씬 더 살맛나는 것이 아닐까.

'역사노래'가 불려지기를 기대하면서

음반은 다행히 정읍시민과 향수를 자극해서인지 출향인과 정읍에 연고지가 있는 사람들로부터 좋은 반응을 얻고 있다. 특히 유튜브에서 반응이 기대 이상이다. 하지만 곡마다 반응이 엇갈린다. 개개인마다 취향이 다르기 때문이다. 한편에서는 특이한 일을 했다고 이야기한다. 얼핏 듣기에 칭찬인 것 같으면서도 반은 그렇게까지 돈을 들여서 할 필요가 있었느냐, 이해하기 어렵다는 식의 냉담한 반응이다. 사람들은 쓸데없는 시시콜콜한 일에 관심이 많으면서도 정작 중요한 일에 대해서는 별반 관심이 없다. 슬픔을 나누면 반이 되는 게 아니라 내 약점이 되고, 잘한 일은 칭찬이 아닌 시기와 질투가 따른다더니, 맞는 말이다.

또 한편에서는 버킷 리스트(Bucket list) 하나를 해결했을 것이라고 이야기한다. 이 역시 맞는 말이다. 하지만 내게는 이번 작업을 통해서 '역사가 시가 되고 시가 노래가 되어, 노래로써 다시 역사를 곰곰이 반추(反芻)할 수 있다는 결론에 이르게 되었다'는 점이 무엇보다 큰 수확이었다.

2000년 초기 '시노래'가 한창 유행하였다. 이제 2020년대에는 '시노래'나 우리가 즐겨 부르는 '생활노래'보다 '역사노래'가 대중에게 의미 있게 다가설 수 있는 계기가 되기를 기대하면서, 언젠가 지인들과 함께 불러 보기를 염원한다. 내 노래가 거기에 포함된다면 더할 나위없는 영광이겠다.

정읍을 노래하다

사람이란 게 일을 하지 않기로 하면 할 일이 없는 것 같고, 막상 일을 하려고 작정하면 해야 할 일이 너무 많은 것이 사실이다. '백수가 과로사한다'는 이야기가 그래서 나온 것이 아닐까 하는 엉뚱한 생각을 해본다.

책이 나왔다고 해서 일이 끝난 것이 아니다. "쉬지 않는 것이 쉬는 것"이라는 역설적인 말이 있듯이 이제 다음 일을 계획하고 고민해야 할 시점이 되었다.

지역사 연구가 분류사로 전환된 지 이미 오래다. 그럼에도 현재 해방 이후의 정읍현대사는 미개척 분야라고 해도 과언이 아니다. 거시적으로 볼 때 이를 묶어서 정읍의 고대에서 현대까지를 관통하는 정읍통사(通史)가 나와야 한다. 또 미시적으로는 이제 마을사가 나와야 하는 시점이 되었다. 또 지금 우리는 인성교육의 부재라는 교육의 위기를 맞고 있다. 옛날 서당과 향교에서 인문교육과 인성교육을 받은 이들이 올바른 가치관과 역사의식을 가지고 한평생을 살았듯이 그런 의미에서 이제 우리 지역의 교육사를 돌아보고 정리해보는 것도 의미가 있을 것이다.

여기에 더해 그간 우리가 다 다루지 못한 지명과 유적지, 현상이 아닌 본질을 다룰 수 있는 사상과 철학, 그리고 음악과 미술을 포함한 예술분야, 기성종교와 민족종교를 아우르는 종교사를 간단없이 풀어내는 일 등이 남아 있다. 특히 정읍시는 그간 축구, 농구, 핸드볼, 검도 등 학교체육과 유도, 레슬링, 마라톤 등의 사회체육 분야에서 괄목할 만한 실적을 올린 바 있다. 여기에 더해 정읍시가 '생활체육도시'를 표방하면서 학교체육 중심에서 벗어나 사회체육 발전에 크게 이바지함으로써 전국에서도 상당한 인지도를 갖게 되었다. 따라서 전국 최초의 지역체육사를 발간하는 일은 그래서 의미가 있다. 또 정읍을 주제로 한 가사나 가요, 정읍 출신의 가수들을 정리하는 작업이 남아 있다. 누가 봐도 정촌가요특구에서 해야 할 일이다. 문학에서는 정읍 출신의 시인과 소설가, 평론가 등을 조명하는 작업 등이 아직도 연구자들의 손길을 기다리고 있다.

그런 가운데 전북대학교 국문학과의 김익두 교수가 쓴 『정읍사상사』(2017)가 출판되어 고려 백운화상을 비롯, 호남성리학의 비조 일재 이항, 내단사상의 최고권위자 청하 권극중, 간재 전우의 문인으로 화도주석(華島柱石)으로 불리는 양재 권순명, 동학농민혁명의 농민군 최고지도자 전봉준, 종교천재 증산교 창시자 강일순 등의 사상이 조명되었다. 또 정읍학연구회를 통해 마을문화와 관련된 논문을 게재하기도 했다. 『정읍학 6호』에 정읍시 마을문화-아카이브 조사 정리(2019), 정읍진산동 영모재 구중절 화전놀이(2020), 『정읍학 7호』에 정읍지역 마을문화 특집(2020) 등이 바로 그것이다.

최근에는 고향문학의 시적 정리라는 의미를 부여할 수 있는 반가운 책이 나왔다. 이 고장 출신 최명표 박사가 쓴 『정읍시인론』(2021)이라는 책이다. 이 책은 "정읍은 소문난 문향이자 시의 고장"이라는 서문으로부터 시작된다.

그도 그럴 것이 정읍에는 백제가요 정읍사와 가사문학의 효시인 상춘곡이 있고, 시문에 능했던 한국문학사의 맨 앞자리에 위치해 있는 고운 최치원(857~?)이 있기 때문이다. 여기에다 고려 백운화상을 비롯, 말년에 내장사에 주석하면서 반선반농을 주장한 백학명 스님과 독립운동가이자 사상가인 정우홍 시인, 정읍 사람답게 고장의 역사적 배경을 시로 풀어낸 정렬 시인, 아침엔 텃밭 농부, 낮엔 문화지킴이, 밤엔 글을 쓰는 고부의 은희태 시인, 한 집안에서 4남매의 시인을 배출한 장지홍 시인, 시를 통해서 교육민주화를 주창했던 고광헌 시인, 시인이자 소설가, 영화와 문화평론가, 영화감독으로 활동하고 있는 방송인 하재봉 등 총 56명의 쟁쟁한 시인의 시와 시집을 소개하고, 시 창작의 배경과 그들의 시 세계를 분석하고 있다.

이를 종합하여 내린 결론은 명쾌하다. "정읍문학은 한국문학사의 근원이자 수원지"이다. 하지만 이 같은 정읍문학에 대한 갈무리 작업과 의미를 부여하는 일은 이제 시작에 불과하다. 따라서 이를 기반으로 한 후속작업이 필요함은 말할 나위가 없다.

이밖에도 정읍을 구성하는 문화요소를 중심으로 시리즈를 발간하고도 남을 만큼 기록으로 남겨야 할 역사는 차고 넘친다. 이에 빗대어 관내에서 논술을 지도하고 있는 박규한 원장은 그의 저서인 『치유』(2021)에서 우리 지역의 문화를 이렇게 진단했다. '정읍은 퍼내고 퍼내도 마르지 않는 우물과 같다.' 이렇게 작은 지역에 이토록 많은 신비를 간직하고 있는 고장이 또 있을까. 고인돌, 내장산, 한글문학, 판소리, 의병, 동학혁명, 수제천, 정읍사, 이순신 장군, 최치원, 무성서원, 백정기 의사, 조선왕조실록, 민족종교의 뿌리 보천교 등, 그리고 최근엔 소설『엄마를 부탁해』의 신경숙 작가에 이르기까지 대충 막 생각나는 문화유산과 인물만 적어 봐도 그렇단다. 국문학을 전공한 분인데 지역의 역사문화를 꿰뚫고 있는 그 통찰력이 예사롭지 않다.

"선비의 학문은 힘쓰는 데 있는 것이지, 남이 알아주는 것을 구하지 않는다"고 했다. 필자가 평소 아직은 정읍에 희망이 있다고 하는 것은 다른 이유가 있어서가 아니다. 이 같이 드러내지 않고 묵묵히 고향사랑을 실천하는 이들이 있기 때문이다. 여기에 다 담지 못했을 뿐이다.

지금도 '정읍' 소리만 들으면 가슴이 두근거리고 쿵쾅거린다는 사람들과 태산선비문화권의 중심인 태인과 칠보에서 나고 자란 것을 큰 자랑으로 여기는 사람들이 있다. 또 동학농민혁명을 학술적으로 규명하고, 그 정신을 계승하는 일을 필생(畢生)의 사명으로 여기는 사람들이 있다. 여기에 다 80이 넘었어도 인문학을 공부하기 위해 자신을 낮추고 배움의 자세로 돌아가려는 겸손한 어른들이 있기에 정읍의 미래는 밝다.

정읍시가 인문도시가 되기 위해서는 이와 같은 시민들의 자부심과 인문학적인 지식이 기반이 되지 않고서는 성립될 수 없는 일이다. 이를 위해서 필자가 정읍을 구성하는 문화요소를 아래와 같이 33가지로 정리하였다. 연구자마다 그 선정이 달라질 수 있으나 크게 차이가 없을 것이다.

한국근대사의 서막, 동학농민혁명

조선왕조실록 유일본의 피란과 보존

한글로 된 현존 유일의 백제가요, 정읍사

구한말 호남 인재양성의 산실, 영주정사와 영학숙

전국 최초의 창의서원, 세계유산 무성서원

가사문학의 효시, 정극인의 상춘곡

가사문학을 현대적으로 계승한 고단 여사

태산선비문화의 중심, 칠보(정읍풍류의 맥, 유상대와 피향정)

을사늑약 이후 호남 최초 의병, 태인의병[병오창의]

출판문화와 기록문화 보존의 성지, 정읍

500년 전통을 이어 온 최초의 민간향약, 고현동 향약

전북 최초의 서원, 호남성리학의 비조 일재 이항을 모신 남고서원

일제강점기 독립운동과 독립운동 자금지원의 중심지, 보천교

조선 선비정신의 표상, 홍범식-김영상-김천술

한국불교 근대 선의 중흥조, 태인의 만공스님

아나키스트 백정기 의사의 항일투쟁

파리장서에 서명한 독립의군부 참모관 김양수

3·1독립만세운동 민족대표, 박준승

태인 유림들이 주도한 3·1독립만세운동

6·10만세운동의 주역, 산외 향산 이동환

사진을 접목한 최초의 근대 초상화가이자 어진화가, 채용신

추사가 인정한 조선 후기 명필, 창암(蒼巖) 이삼만

최초의 여류 천재 서예가, 몽연 김진민

블랙 투어리즘의 대표 지역, 신태인읍 화호리

리얼리티의 극치, 국내에서 가장 아름다운 백암리 남근석

백제와 신라계 양식을 절충한 고려시대 정읍의 석탑

미륵신앙의 성행과 정읍의 불상

국내 최초 종자 파종에 의한 재배 다원, 소천[오가와/小川]다원

향제 줄풍류의 고장, 정읍

국립공원 내장산과 고찰 내장사

호남 대표명당에 세워진 김명관 고택

솟대가 세워지는 마을, 산외 목욕리

100년 전통의 서민의 술, 정읍 막걸리

　이를 우리연구소가 주관하든, 문화원이나 박물관에서 주관하든 지역의 인적자원을 활용한다면 못할 일이 없다. 그만큼 지역의 역사문화 연구 인력이 두터운 층을 형성하고 있기 때문이다.

　이제 인문관광도시, 역사문화도시답게 누구든 역사의 현장을 찾아 그 의미를 되새길 수 있는 그런 책이 빨리 나와야 한다. 일반인들의 정읍역사에 대한 인문학적인 지식과 역사이해를 돕기 위해서도 필요하다. 이로써 정읍이 인문도시, 문화도시로 가는 디딤돌이 될 것으로 확신한다.

'정읍을 이야기하다' 발간에 부쳐
─시인 최낙운/국(麴)사모 국두

정겨운 사람들 옹기종기 모여 살고
읍내의 오일장 분주하던 옛 정읍
을씨년스럽게 온 동네 비어도

이곳에 자랑스러운 정읍문화 풀어보네
야속한 산업화로 사람은 줄어가도
기어코 이루려던 선조들의 깊은 뜻
하늘이 사람이고 사람이 하늘이다
다 못다 푼 정읍역사 여기에 풀어보네

정읍예찬

― 채규달/변호사, 주립대학(酒立大學) 학장

　고향 정읍에서 유년기를 보낸 후 35년 만에 고향으로 돌아와 생활하고 있다. 타향에 있으면서도 언젠가는 꼭 돌아가야지 했던 고향이었는데, 조금이라도 빨리 와서 더 좋았다는 생각이 든다. 지난 세월 내내 전주와 서울에 있을 때는 고향 소식이 한 뼘이라도 전해지면 그리 반가울 수가 없었다. 물론 좋은 소식이 들리면 여기 저기 소문을 내서 전파하곤 했지만, 좋지 않은 소식이 들리면 애써 화제를 다른 것으로 돌리곤 했다. 전주에서 고등학교를 다닐 즈음엔, 친구들과 신호등이 몇 개 있느니, 육교가 몇 개 있느니 하면서 정읍이 그 흔한 시골이 아니었음을 강조하는 유치함도 있었다. 책으로 언론으로 정읍사와 상춘곡, 동학농민혁명, 내장산을 접할 때면 가슴이 두근거리고 벅차올라 어깨가 한껏 올라가 외로움을 잊은 적도 있었다. 그 기분으로 고향 사람이라도 만나 술잔을 기울이며 고향에 대한 추억으로 밤을 지새우곤 했다.

　이제 고향으로 내려온 지 7년이 되었다. 들리는 건, 인구가 줄어 소멸도시가 된다든지, 젊은 친구들이 일자리가 없어 수도권으로 향한다든지, 아기 울음소리가 들리지 않는다든지, 변변한 대학이 없어 배움을 위해 서울로 진학한다든지, 의료 환경이 열악하여 시간을 다투는 심장 수술임에도 구급차로 전주나 광주로 가면서 시간을 허비한다든지, 사람들이 없어 먹고 살 길이 막막하다든지 등등 온통 좋지 않은 소식들뿐이다.

어릴 때에는 동네에 또래들이 집집마다 있어 여러 집단으로 나누어 놀 만큼 친구들이 많아, 시간 가는 줄 모를 정도로 깔깔거리는 즐거움이 많았다. 레슬링(김일 박치기)시합과 권투시합이 있을 때면 동네에 몇 대 안 되는 텔레비전을 보기 위해, 옆집이 식사 중임에도 애써 밥을 먹고 온 것처럼 하면서까지 창피함을 무릅쓰고 구석에서 눈치를 보면서 텔레비전을 시청하기도 했다. 명절이면 쌀밥에 고깃국을 먹고 새 옷으로 갈아입고, 성림·정읍·중앙·유림극장에서 이리저리 사람들에게 시달리면서도 인파를 뚫고 영화를 보았다. 짜장면을 먹을 수 있는 졸업식을 고대하던 그 날이 오면, 교복을 찢고 밀가루를 뒤집어 쓴 선배들을 보던 시절도 있었다.

고광헌 시인의 '정읍장날'이라는 시를 보면, 예전의 우리네 시장 풍경과 어머니, 아버지의 애틋한 마음이 잘 나타나 있어, 절로 그 시대의 풍경이 그려진다. 당시에는 우리처럼 6남매는 기본이었고, 가족끼리 야구팀, 축구팀도 만들 수 있는 가정도 많았다. 정부에서 장려하는 산아제한 정책에 모두 공감하며 학교에서 숙제 내준 표어, 포스터를 휘갈겼으며, 머지않아 식량이 부족하여 많은 사람들이 굶어 죽어 지구 종말이 올 것이라는 두려움도 있었다. 그때 기준으로 보면, 지금은 공간이 너무 많이 남아 오히려 빈집이 시골에 넘쳐날 정도가 되었다. 당시 기준으로 보면, 현재는 산아제한이 뜻대로 되어 유토피아 세상이 되었다. 예전보다는 훨씬 여유롭고 풍족한 세상에서, 자신을 가꿀 수 있는 현실이 되어 있다. 사람이 갈수록 없어져 유령도시가 될 것이라는 걱정 근심은 붙들어 매고, 긍정적인 생각으로 현재에 충실하면서 정읍 사람임을 만끽할 때인 듯싶다.

고향에 돌아와서 비로소 느낄 수 있었다

고향으로 돌아와 지난 7년 동안 살면서, 그동안 잊고 살던 고향의 진면목을 보며 느낀 점들이 많다.

첫째, 시내에 있는 성황산이 그동안 다녀본 서울의 북한산, 관악산, 청계산보다도 더 좋다고 느끼는 점이 한두 가지가 아니다. 우선 접근성이 좋아 걸어서 갈 수 있고, 보드라운 흙으로 이루어져 걷기 편하다는 점이다. 덤으로, 지형이 완만하여 부담감이 없고 시내를 한눈에 굽어볼 수 있어 정겨움이 한껏 묻어난다. 황톳길로 유명한 대전 계족산보다 맨발로 산행하는 기쁨이 더 있다.

둘째, 시내에 있는 여느 식당도 전국 유명 맛집보다 훨씬 값싸고 맛있게 그리고 더 흥겹게 식사할 수 있다. 정읍 어디를 가더라도, 그저 바라만 보고 있어도 모든 곳이 관광지이고, 모든 곳이 맛집이다.

셋째, 정읍사람 모두가 인정이 넘치고 활기차고 배려심이 많다.

고향에 돌아와서 비로소 알 수 있었다

서울까지 가서 공부를 하고 왔어도 고향에 대하여 모르는 것이 많은 듯하여, 김재영 박사의 인문학 강의를 듣게 되었다. 시시콜콜한 것까지 제대로 자세히 알아가는 재미가 쏠쏠했다. 지난 7년간 비로소 정읍에 대하여 아래와 같이 많은 것을 알게 되었고 정읍에 대한 자긍심도 고취되었다.

① 세계문화유산인 무성서원이 다른 여느 서원들보다도 두드러지게 자

랑스러운 점은, 마을 주민들과 함께 어우러지면서 교육이 이루어지고 선현들을 모셔 왔다는 것이다.

② 정읍사 여인이 춘향이보다 더 붉은 마음을 가지고 있고, 부부사랑의 발원인 샘으로 작용하였다. 정읍사 여인은 모든 정읍 여인들이 헌신적인 어머니로서, 부인으로서, 자녀로서 살아가는 원천이 되었다.

③ 세계기록유산인 조선왕조실록이 정읍 선비인 안의 선생과 손홍록 선생이 없었더라면 영원히 소실되어 우리의 역사가 암흑기 역사가 될 수 있었다.

④ 임진왜란으로 한반도 전체가 왜놈에 의해 철저히 유린된 나라를 끝내 지켜낸 이순신 장군이 정읍현감을 역임했었다.

⑤ 조선 독립을 위해 목숨을 내던지면서까지 그리 헌신하였던, 효창공원에 안장된 윤봉길, 이봉창 의사와 더불어 3의사 중 한 분인 백정기 의사가 정읍 사람이었다.

⑥ 정읍삼절인 내장산, 정읍사, 동학농민혁명이 송도삼절인 서화담, 황진이, 박연폭포를 훨씬 능가하고 있다.

⑦ 인내천 사상을 기반으로 하는 동학농민혁명이 프랑스대혁명보다도 더욱 위대하고, 입암의 보천교가 민족종교로서 독립운동사에 자랑스럽게 한 페이지를 장식하고 있다.

⑧ 천상의 음악이라는 수제천은 정읍 사람들에 의해 잘 보존되어 면면히 이어 내려오고 있는 정읍의 노래이다.

⑨ 문화·예술의 본산이라는 예술의전당이나 세종문화회관에서보다 정읍사예술회관, 연지아트홀에서 문화 예술을 더 쉽게 자주 접할 수 있다.

⑩ 고속전철의 개통으로 수도권의 어느 도시보다 접근성이 좋아 교통 체증 없이 심장부인 서울에 쉽게 접근할 수 있고, 모든 생필품을 쉽게 구입할 수 있다.

　이렇듯이 고향에 돌아와 보니 나뿐만 아니라 우리 모두가 정읍 사람임을 자랑스러워하는 것을 느꼈다. 정읍이 '한반도의 배꼽'이라는 김지하 시인의 말이 있다. 그 시인보다 더, 역사·문화의 고장인 정읍을 위해 헌신하고 계시는 많은 사람들이 있다. 우리 모두 스스로 자부심을 느끼면서 정읍 사람이라는 자긍심에 부끄럽지 않게 생활하는 것은 어떠할까? 정읍은 문화도시로서 품격을 잘 갖추고 있어, 그토록 김구 선생이 염원하신 문화국가의 모습이 지금 있는 그대로의 정읍이라 생각한다. 정읍에 살고 있다는 것만으로도, 우리의 피가 끓고 살아있음을 느낀다. 역사와 문화가 숨쉬는 정읍에 사는 모든 이가, 김재영 박사의 『정읍을 이야기하다, 정읍을 노래하다』 책을 통하여 우리 주변에 대하여 더 이해하고 배려하는 마음이 활짝 퍼뜨려지길 소망해 본다.